Eu já te contei?

Eu já te contei?

A história real do amor de uma mãe e o luto de uma filha

Genevieve Kingston

Tradução de Natalie Gerhardt

Copyright © 2024 by Genevieve Kingston

Todos os direitos reservados, incluindo o de reprodução total ou parcial em qualquer meio. Alguns nomes ou detalhes foram alterados para proteger a identidade de pessoas reais.

Página 236: Tradução de Helena Barbas da versão de 1842 do poema "The Lady of Shallot", de Alfred Tennyson. Página 313: Trecho da edição de "O senhor dos anéis" publicada pela Martins Fontes e traduzida por Lenita Maria Rímoli Esteves e Almiro Pisetta.

TÍTULO ORIGINAL
Did I Ever Tell you?

PREPARAÇÃO
Theo Araújo

REVISÃO
Juliana Souza
Laura Cardoso

DIAGRAMAÇÃO
Henrique Diniz

DESIGN DE CAPA
Jenny Carrow

FOTO DA AUTORA
cortesia da autora

ILUSTRAÇÃO DE CAPA
Adobe Stock

CIP-BRASIL. CATALOGAÇÃO NA PUBLICAÇÃO
SINDICATO NACIONAL DOS EDITORES DE LIVROS, RJ

K64e

    Kingston, Genevieve
      Eu já te contei? : a história real do amor de uma mãe e o luto de uma filha / Genevieve Kingston ; tradução Natalie Gerhardt. - 1. ed. - Rio de Janeiro : Intrínseca, 2025.
      304 p.

    Tradução de: Did I ever tell you?
    ISBN 9788551014042

      1. Kingston, Genevieve. 2. Atrizes - Estados Unidos - Biografia. 3. Luto. 3. Mães - Morte. I. Gerhardt, Natalie. II. Título.

24-95303
    CDD: 791.43028092
    CDU: 929:791.071-055.2(73)

Meri Gleice Rodrigues de Souza - Bibliotecária - CRB-7/6439

[2025]
Todos os direitos desta edição reservados à
EDITORA INTRÍNSECA LTDA.
Av. das Américas, 500, bloco 12, sala 303
Barra da Tijuca, Rio de Janeiro – RJ
CEP 22640-904
Tel./Fax: (21) 3206-7400
www.intrinseca.com.br

Para Kristina, Peter e Jamie.
E para todos que estiveram conosco durante esse período difícil.

Quando eu tinha três anos, minha mãe descobriu um tipo agressivo de câncer de mama. Todos os dias, ela ficava sentada por horas à nossa mesa de jantar, com seus cabelos escuros presos e cercada por pilhas de artigos densos e técnicos. Eu a observava da porta da cozinha enquanto ela pesquisava todos os tratamentos disponíveis: convencionais, alternativos e milagrosos.

Ao longo dos quatro anos seguintes, ela consultou médicos, especialistas, homeopatas e curandeiros. Um cirurgião extirpou o tecido canceroso do corpo dela. Ela passou a seguir dietas rígidas e tomava um monte de remédios. Fazia quimioterapia e se enchia de suco de cenoura. Estava buscando uma forma de sobreviver.

Quando eu tinha sete anos, os materiais da mesa de jantar começaram a mudar. As páginas cheias de anotações foram substituídas por papel de presente e fitas, enquanto as mãos se ocupavam com afinco sob a penugem escura de sua cabeça raspada. A tesoura deslizava pelo papel de presente com um farfalhar. Os dedos faziam as dobras necessárias. A fita era cortada com um movimento firme. Os nós eram feitos com um chiado baixo. *Farfalhar, dobrar, cortar, chiar.* Ela começou a montar dois baús de presente: um para o meu irmão mais velho, Jamie, e outro para mim.

Nos baús, ela colocava presentes e cartas para as ocasiões importantes da nossa vida que ela perderia: o momento de tirar a carteira de motorista, formaturas e todos os nossos aniversários até fazermos trinta anos. Quando os baús ficaram cheios, meu pai os levou para nossos respectivos quartos.

Sempre que eu abria o baú, era como se entrasse em uma realidade compartilhada, algo que ela imaginara para nós muitos anos antes. Como um cheiro meio esquecido ou as primeiras notas de uma música conhecida — a cada vez um pequeno vislumbre dela.

Durante anos depois da sua morte, o baú de papelão com estampa cor-de-rosa ocupou um lugar especial no meu quarto de infância. Eu costumava abri-lo e passar a ponta dos dedos pela fileira de pacotes cuidadosamente embrulhados, cada um com um cartão preso por uma fita fina e frisada. Os envelopes grossos, que continham cartas datilografadas, exibiam orientações explícitas na letra da minha mãe, um convite precedido por um aviso: nenhum deles deveria ser aberto antes da ocasião indicada. Na época, o baú era pesado demais para que eu o levantasse.

Nos últimos vinte anos, o baú viajou comigo por todo o continente, me acompanhou de estado em estado e de apartamento em apartamento, sempre a primeira coisa para a qual eu procurava um lugar assim que o caminhão de mudança ia embora. Ele ficou guardado em espaços apertados e no fundo de armários; meu instinto é sempre protegê-lo. Aninhá-lo. A cada ano, o baú fica mais leve.

Agora, só restam três objetos.

PARTE UM

O que sempre temi aconteceu em uma quarta-feira à noite. Eu estava vendo Jamie jogar Warcraft. Gostava de observá-lo no computador; era um dos poucos momentos em que ele tolerava a minha presença. Eu podia ficar um tempão com ele, vê-lo curvado e concentrado, admirar seu foco, sentir seu cheiro reconfortante de menino, e ele não me mandava embora. Ele estava no meio de uma batalha contra um bando de Orcs com espadas enormes enquanto ao fundo ovelhas digitais toscas observavam a batalha. Jamie me fez rir ao clicar em uma das ovelhas para fazê-la balir: "Mééé!" Depois, clicou mais algumas vezes para explodi-la. Nosso pai entrou no quarto e pediu que subíssemos.

Jamie ainda não tinha salvado o jogo e não queria pausar.

— Já vou — disse, dando mais um golpe no Orc pixelado.

Nosso pai segurou o braço dele com gentileza.

— Agora — disse papai suavemente, com seu sotaque britânico discreto, depois de mais de vinte anos morando na Califórnia.

— Nossa, CALMA... — reclamou Jamie, se desvencilhando.

Depois de salvar o jogo, Jamie e eu seguimos nosso pai pela escada acarpetada e fomos até o quarto de mamãe. Não entendi imediatamente o que vi, mesmo que já tivesse imaginado aquilo muitas vezes.

Ela estava exatamente no mesmo lugar em que passara os últimos meses, no leito hospitalar que montamos em seu quarto.

A chuva fustigava as janelas. Estendi a mão devagar. Eu não estava com medo, mas não conhecia uma palavra melhor para definir o que sentia. Tocar nela era como tocar um mistério. Ela não estava fria, mas seu calor tinha sumido. O que restava era um eco, como a lembrança de uma queimadura. Olhei para Jamie. A expressão no rosto dele me fez perder o ar. Ele se ajoelhou ao lado da cama e começou a tocar diferentes partes do corpo da nossa mãe: pernas, mãos, rosto... como se estivesse procurando alguma coisa. Ele abriu devagar uma das pálpebras dela.

— Você está tentando fazer com que ela pareça mais viva? — perguntei.

Ele meneou a cabeça, encostou o rosto na barriga dela e ficou chorando de soluçar. Eu não chorei. Já chorava havia anos, e, ao que parecia, minhas lágrimas tinham secado. Uma parte de mim estava aliviada. Já estava exausta de tanto sentir medo.

Meu pai a ergueu e a levou até o quarto dele, o que dividiam antes, para que todos os aparelhos de infusão intravenosa e outros equipamentos médicos fossem retirados. Fiquei surpresa com a força dele. Eu nunca o tinha visto carregando-a no colo. Agora, as mulheres da família a banhariam e vestiriam. Minha mãe tinha me contado que isso aconteceria. Era um ritual que ela tinha feito para a mãe, e havia pedido que fizessem isso por ela. A irmã da minha mãe, Antoinette, a prima Sandy e sua amiga Sobonfu me levaram até o quarto. Aos onze anos, incluída entre elas, aprendi que eu era uma mulher.

Tiramos a camiseta enorme. Naquela época, ela só usava camisetas extragrandes com um corte nas costas, pois era fácil de vestir ou tirar sem ter que se sentar. Essa tinha o desenho de um pato preso com fita adesiva na parede e a expressão em inglês *Duck Tape*, um trocadilho espirituoso misturando duct tape, fita adesiva, e duck, pato. Ela ficou nua em cima da cama, parecendo menos a minha mãe e muito mais um registro do que tinha sido feito com ela. O seio esquerdo enrugado com uma longa cicatriz horizontal e sem o mamilo. Outra cicatriz enorme ao longo das costas, resultante de uma cirurgia para reparar uma fratura na coluna. Um acesso plástico para medicamentos formava uma pequena elevação na pele do peito. O rosto e o corpo estavam inchados por causa dos esteroides. O cabelo estava curto e ralo por causa do último ciclo de quimioterapia, e cicatrizes desbotadas eram visíveis na testa, onde uma auréola de metal foi acoplada ao crânio para tratar o câncer que se espalhara no cérebro. *Ela era como um mapa*, pensei. Para o quê, eu não sabia.

Alguém encheu uma tigela com água, onde mergulhamos pedaços de pano e passamos por sua pele. Minha mãe já estava mais fria agora, perdendo calor a cada segundo que passava. Lutei contra o impulso de cobri-la de novo, de me deitar em cima dela para mantê-la aquecida um pouco mais. O tempo já estava passando, escapando por entre meus dedos como água, por mais que tentasse me agarrar a ele a cada segundo.

Notei uma pinta no seio dela, e tentei decorar o formato e a localização exata. Notei as estrias claras nos seios e na barriga, lembranças de duas gestações. Notei os sulcos delicados nas unhas e as linhas profundas nas palmas das mãos e desejei ser capaz de lê-las. Talvez elas me contassem uma história com um final diferente. O mostrador luminoso do relógio digital chamou minha atenção: dez da noite de uma quarta-feira. Era para estarmos assistindo a um episódio de *Jornada nas Estrelas*.

Minha mãe era só uma adolescente magra e de cabelo escuro quando a série *Jornada nas Estrelas* estreou na TV. Assim como muitas garotas da sua idade, imagino que tinha uma paixonite pelo capitão Kirk, interpretado pelo jovem William Shatner. Quando a continuação da série, *Jornada nas Estrelas: A Nova Geração*, começou a ser exibida no fim dos anos 1980, nossa família a assistia religiosamente. Uma das minhas primeiras lembranças é a de nós quatro espremidos no sofá marrom de couro sintético, enquanto ouvíamos, pelos alto-falantes da televisão de caixa, Patrick Stewart dizer "O espaço, a fronteira final" em seu barítono de ator da Royal Shakespeare Company. Essas palavras indicavam que, durante a hora seguinte, eu estaria cercada pela minha família, totalmente segura. Minha personagem favorita era a terapeuta da nave, Deanna Troi, e eu sonhava que um dia meus cabelos loiro-escuros e lisos se transformariam nos cachos pretos e fartos da atriz.

Para mim, a série também criou um novo conceito de tempo. Em *Jornada nas Estrelas*, o tempo era algo que podia ser alterado e moldado. Se a *Enterprise* explodisse, eu sabia que alguém teria que voltar no tempo para resolver isso. Um milhão de vezes, me imaginei voltando para o momento exato em que o câncer da minha mãe começou, extirpando aquela doença antes que ela se enraizasse.

Depois que o último episódio de *Jornada nas Estrelas: A Nova Geração* foi ao ar, minha mãe começou a me deixar ficar acordada até mais tarde nas quartas-feiras, para assistir com ela a *Jornada nas Estrelas: Voyager*. Minha adoração pela comandante da *Voyager*, Kathryn Janeway, era muito maior do que a que eu tivera por Deanna Troi. A nave espacial de Janeway estava perdida em um quadrante distante da galáxia, sua tripulação a anos-luz de casa. *Voyager* era uma saga de saudade, e eu sentia saudade desde que me entendia por gente, não simplesmente de um lugar ou de uma pessoa, mas de um mundo no qual minha mãe não morreria. E a capitã Janeway tinha cabelo liso e loiro-escuro.

Toda quarta-feira, minha mãe e eu assistíamos à tripulação da USS *Voyager* se manter firme e forte no Quadrante Delta e superar mais um obstáculo em uma jornada que duraria mais de setenta anos. No início, assistíamos à série no sofá. Depois, passamos a assistir na cama hospitalar. Por fim, quando minha mãe não estava mais consciente, eu assistia sozinha ao lado da cama dela, segurando sua mão. Ela perdeu o último episódio.

Então, às dez da noite de uma quarta-feira, 7 de fevereiro de 2001, eu estava banhando o corpo sem vida da minha mãe, desejando poder ligar a TV no canal de *Jornada nas Estrelas*. Olhei para as outras mulheres, sabendo que jamais conseguiria explicar para elas por que queria ligar o aparelho. Por que eu queria estar ao lado da minha mãe mais uma vez quando os créditos de abertura e as luzes de novas estrelas e motores da nave iluminassem nosso rosto. Por que, principalmente naquele momento, eu precisava saber que algumas coisas continuavam como antes. Por que eu desejava uma outra compreensão do tempo. Eu nunca conseguiria explicar para elas que nós estávamos em uma jornada de anos, minha mãe, a capitã Janeway, a *Voyager* e eu... uma jornada para casa que sabíamos que duraria a vida inteira.

Dez dias depois, completei doze anos.

Acordei cedo com a casa silenciosa e, assim como nas dez manhãs anteriores, me perguntei se tudo não tinha sido só coisa da minha imaginação. Talvez, se abrisse a porta e caminhasse pelo corredor de carpete cinza até o quarto ao lado do meu, veria minha mãe deitada, com o soro pingando, máquinas zumbindo e sua respiração agitando o ar durante o sono. Naquela manhã, exatamente como nas dez anteriores, fiquei deitada até as perguntas desvanecerem. Aquilo era real. Continuaria sendo real pelo resto da minha vida. Seria real mesmo depois da minha morte.

Estiquei as pernas para fora da cama. Estava usando uma das camisolas que minha mãe tinha feito para mim. Todo verão, ela fazia três: duas de manga comprida e uma de manga curta; duas de algodão e uma de flanela. Todo ano, ela aumentava o tamanho, costurando o bolso frontal com cuidado para que ficasse quase imperceptível. A que eu vestia no momento estava pequena demais, porque, nos últimos dois anos, ela ficou sem enxergar direito para costurar e sem conseguir se sentar para usar a máquina. A camisola estava apertada nas axilas.

Minha mãe e eu fazíamos aniversário no mesmo dia, e, em qualquer outro ano, eu correria até o quarto dela e me enfiaria na sua cama. Meu pai traria chocolate quente ou um buquê e nos chamaria de "minhas aniversariantes". Minha mãe teria me abraçado e dito, como fazia todos os anos: "O melhor presente de aniversário que já ganhei na vida." Mas, em vez disso, fiquei no meu quarto, protelando o momento em que teria que abrir a porta e deparar com a sua ausência.

O baú de papelão estava há meses fechado no meu quarto, e tentei ao máximo ignorá-lo. Durante esse tempo, aquela caixa representou um futuro que eu esperava que nunca chegasse. Levantei devagar e me ajoelhei ao lado da grande caixa. Ergui as travas, uma de cada vez, prolongando o momento. Quando abri, a primeira coisa que vi foi um grande caderno de desenho espiralado e preto, com duas peras vermelhas na capa. Fiquei ofegante e então o tirei da caixa e o abri na primeira página.

Querida Gwenny,

Esta é uma listagem das cartas e recordações que guardei para celebrar eventos importantes da sua vida. Fiz isso para o caso de algo acontecer com as cartas e as recordações em si.

Também estou te entregando a caneta que usei para escrever esta listagem, e espero que ela te traga alegria.

Com amor,

Mamãe

Presa à capa estava uma caneta-tinteiro verde e dourada. Eu a retirei, sentindo seu peso surpreendente. Lágrimas embaçaram as palavras diante de mim. Minha mãe tinha me mostrado o caderno alguns anos antes, e, assim como o baú, guardei isso em um recanto da mente, outra ferramenta que eu queria não usar. Analisei a espessura do caderno e o pressionei contra o peito, sedenta pelas palavras nele.

O conteúdo do baú chegava até a borda. Caixas de diferentes formatos e tamanhos encaixadas em um quebra-cabeça tridimensional. Presa na parte interna da tampa, uma folha de papel catalogava todo o conteúdo. Passei os dedos pela lista. Aniversários, formaturas, casamento, filhos. Todos os itens estavam ticados, confirmando que tinham sido colocados no baú.

Busquei na parte de cima até encontrar o embrulho no qual se lia *Aniversário de 12 anos da Gwenny*. Era uma caixa de papelão com estampa de conchas e uma fita cor-de-rosa com as pontas onduladas. Segurando-a, senti uma pontada de curiosidade para saber o que minha mãe havia escolhido para mim. Desatei a fita e abri a caixa.

Lá dentro encontrei um anelzinho de bronze com uma flor e uma pequena ametista no meio. A ametista era a pedra do nosso signo. O cartão dizia *Feliz aniversário, minha querida! p. 8*. Folheei as páginas grossas e brancas do caderno. No alto da página 8 havia uma fotografia do anel, e, abaixo, minha mãe tinha escrito algo.

Para o aniversário de 12 anos da Gwenny.

Querida Gwenny,

    Este foi o meu segundo anel com a pedra do mês do meu nascimento. Sempre quis um quando era pequena e implorei a vovó Liz que me desse um. Ela acabou cedendo e nós escolhemos um anelzinho lindo na joalheria local. Eu o amava mais do que consigo colocar em palavras. Um dia, quando fui nadar no Terrace Plunge, eu o enrolei na minha toalha para não perder. Quando voltei, ele tinha desaparecido. Fiquei arrasada. Então, a vovó Liz e eu encontramos este substituto na Cost Plus, em São Francisco. Espero que você goste também.

    Beijos,

    Mamãe

O anel encaixou perfeitamente no meu indicador da mão direita. Eu o coloquei e imaginei minha mãe o usando pela primeira vez. Tentei preservá-la na minha mente assim, como uma garotinha que se sentia culpada por ter perdido o anel antigo, mas grata por ter ganhado um novo. Mais de três décadas separavam aquele momento deste. Eu nasci na manhã em que minha mãe fez trinta e sete anos. Neste dia, ela faria quarenta e nove. Deixei o caderno de desenho aberto no meu colo e tracei as marcas da caneta. As palavras escritas para transpor a distância entre nós, para atravessar o espaço e o tempo. Eu as li e reli várias e várias vezes.

Não me lembro de descobrir que minha mãe estava doente. Minha recordação só vai até alguns dias depois de quando ela retornou do médico com a notícia de que o caroço no seio não era um duto de leite entupido por causa da amamentação. Eu não me lembro da casa azul e branca na qual morávamos na época, a não ser pelo borrão de um parquinho de madeira lascada e pelo papel de parede do quarto com patinhos ao longo da borda superior. Em algum lugar naquela casa deve ter existido um filhotinho de pelo preto e branco, uma cadela de fazenda com instintos pastoris e olhos de cores diferentes. Mas só me lembro de Tippy como uma cadela já grande, a listra branca do focinho coberta de lama e a boca cheia de borracha arrancada do sistema de irrigação do meu pai, e o rabo abanando. Assim como o diagnóstico da minha mãe, a Tippy filhote está perdida naquele lodo primordial do *antes*.

A casa de que me lembro era cinza-clara, tinha dois andares e uma fachada oculta por uma cortina de glicínias roxas. A varanda era generosa, com móveis de vime branco e uma caixa de correio de latão ao lado da porta da frente. A algumas casas à esquerda ficava a grande mansão onde foi gravado o filme *Poliana*, em 1960, no qual minha avó apareceu como figurante. Quando nos mudamos, vovó Liz ainda morava a um quarteirão de distância. Minha mãe, assim como uma tartaruga marinha, voltou para o lugar onde havia nascido para cuidar da própria família. A casa nova era bem maior do que a anterior, com quatro quartos, garagem para dois carros e piscina, e foi comprada com uma herança que minha mãe tinha recebido havia pouco tempo. Nos mudamos logo depois do diagnóstico de câncer, no meu terceiro feriado de Quatro de Julho.

Minha mãe pintou os quatro quartos em um tom que lembrava o céu em aquarela. Eu estava na fase de gostar de princesas, e fiquei maravilhada quando meu pai pendurou um mosquiteiro acima da minha cama, fazendo com que eu me sentisse exatamente como a Jasmine da Disney, mas sem o tigre.

Meu irmão e eu compartilhávamos um banheiro e uma parede. O quarto de Jamie logo abrigaria uma coleção impressionante de Legos, junto com várias prateleiras de miniaturas de Dungeons & Dragons em diversos estágios de pintura. Eu sentia inveja do mundinho que ele tinha criado. Ele conseguia passar horas sozinho ali, protegido da ansiedade causada pela doença da nossa mãe, que já estava se espalhando. Meus faz de conta eram aleatórios, capítulos vagos de "minha cama é um navio pirata" ou "estou preparando poções mágicas com terra". Eu tinha acesso limitado e condicional ao universo do meu irmão. Ele não se importava se eu ficasse olhando enquanto ele pintava ou lia, desde que eu fizesse silêncio absoluto. Eu ansiava pela atenção dele como o ar que eu respirava, e uma única palavra ou olhar lançado de má vontade me deixava feliz por horas. Ele me chamava de Gwenny, em homenagem à Rainha Guinevere do seu filme favorito, *Camelot*, e, mesmo que meu nome na verdade fosse Genevieve, o apelido pegou.

A nossa rua era uma avenida ampla, ladeada por magnólias, bordos e ginkgos. Um lado ia até a rua principal que levava ao centro de Santa Rosa; o outro levava ao cemitério local. Em todo

Quatro de Julho, desde que tínhamos nos mudado para lá, meus pais faziam uma festa na frente de casa. Meu pai era um expatriado inglês que amava o Dia da Independência dos Estados Unidos, mas insistia em hastear a bandeira britânica ao lado da estadunidense com suas listras e estrelas.

Ainda era permitido soltar fogos de artifício, e a vizinhança inteira se sentava nas calçadas e soltava os que tinham em casa. O ar ficava com um cheiro forte e potente, como de fósforo. Tio Jonathan (conhecido como tio Q) era o mais novo dos três irmãos da minha mãe; ele sempre chegava quando ainda estava claro, carregando sacolas de pirotecnia caseira. Magro como um palito, ele guardava os envoltórios dos fogos de artifício do ano anterior e os enchia com explosivos do Piccolo Petes, para que explodissem como fogo de artilharia quando menos esperássemos. Ele tinha um fraco por combustíveis. Dizem que, quando era adolescente, costumava usar bombinhas para explodir as caixas de correio da rua.

Consigo imaginar Tippy assustada com a barulheira, deitada quase imóvel e tensa, um montinho preto e branco no chão. Quando o sol se punha, Jamie e meus primos mais velhos tinham autorização para acender velas de faísca. Eles saíam correndo girando as velas e escrevendo seus nomes, enquanto as faíscas saíam das pontas, formando desenhos fugazes na escuridão. Vovó Liz, depois de andar duzentos passos da casa dela até a nossa, ficava sentada em uma cadeira de praia com as pernas cobertas por uma manta e usando os óculos imensos que ela chamava de "espetóculos", com as hastes enfiadas no cabelo curto e prateado. A irmã da minha mãe, Antoinette, se sentava por perto.

Meu pai, usando short cáqui e meias brancas compridas, era responsável por acender o carvão da churrasqueira com uma pilha de jornais, enquanto uma fileira de coxas de frango esperava para assar. Minha mãe ficava sempre a postos, com uma mangueira por perto, para o caso de o churrasco ou os fogos de artifício caseiros saírem do controle. O tempo todo tensa como Tippy, ela permitia que todos nós nos divertíssemos enquanto estava sempre alerta, preparada para o desastre.

Os primeiros passos do tratamento da minha mãe foram uma mastectomia única para remover todo o seio direito junto com o tumor e uma reconstrução para preencher o espaço vazio remanescente. Uma cicatriz comprida e rosada substituiu o mamilo, como uma boca com lábios escondidos, eliminando, esperávamos, a ameaça lá dentro. No início, meus pais só diziam que ela estava doente. Depois explicaram que, mesmo que os cirurgiões tivessem sido bastante cuidadosos e minuciosos, a idade dela (apenas quarenta anos) e a agressividade do câncer indicavam que era provável que a doença voltasse. Os médicos recomendaram radioterapia e, depois, quimioterapia.

Semanas depois de minha mãe voltar do hospital, eu ainda me recusava a sair do lado dela. Eu a seguia de um cômodo a outro, até mesmo para o banheiro, temendo que ela pudesse desaparecer em um piscar de olhos. Durante aquelas semanas, fui percebendo que a grande mesa oval de jantar estava desaparecendo sob pilhas de papéis. Minha mãe passava horas destacando trechos de artigos de periódicos científicos e folheando pilhas de páginas impressas.

"Foi uma das decisões mais difíceis que já tomei na vida", diria ela alguns anos depois, olhando para as lentes de uma câmera que usou para deixar uma mensagem em vídeo para mim e para o meu irmão. "O que eu ia fazer para lutar contra o câncer. Passei seis meses lendo e pesquisando, conversando e rezando.

Escolhi fazer a cirurgia, mas não os tratamentos convencionais que foram recomendados. Achei que não suportaria a toxicidade do tratamento. Sentia que aquilo me deixaria doente demais e eu não sobreviveria. Não sei se estou certa ou não, mas ouvi a minha intuição."

Em vez disso, ela buscou um tratamento alternativo e particular conhecido como Protocolo Gonzalez.

O dr. Gonzalez disse para minha mãe que a cura era possível, mas apenas se ela não passasse por nenhum outro tipo de intervenção clínica: nenhum exame ou tomografia. Qualquer outro médico que ela consultasse teria que trabalhar dentro dos parâmetros definidos por ele. Enquanto estava no programa, ela seguiu uma dieta estritamente vegetariana, tomava até cem comprimidos diários e fazia dois enemas de café por dia. Também comprou uma máquina de suco chamada General Electric Champion, um trambolho de plástico bege que ocupava toda a nossa bancada. Ela processava um saco inteiro de cenouras todos os dias naquela máquina e tomava vários copos do suco alaranjado.

— É anticarcinogênico.

Perguntei o que aquela palavra significava.

— Previne o câncer — explicou ela. — Além disso, o caroteno também ajuda a enxergar no escuro.

Tentei tomar alguns goles do líquido laranja e espesso. Achei que tinha gosto de tronco de árvore. Mais tarde, saí para testar minha visão noturna, mas não notei diferença. Achei que aquilo era só outra tramoia dos adultos para fazer as crianças comerem legumes e verduras.

Minha mãe tomou suco de cenoura até as mãos e o rosto adquirirem um tom alaranjado. No ano seguinte, no jardim de infância, quando desenhávamos nossas famílias, as outras crianças brancas também usavam o giz de cera alaranjado para a pele.

"Mas a minha mãe tem a pele alaranjada mesmo", eu explicava. "Então, é bem realista."

Eram os anos 1990, e meus pais acreditavam piamente na homeopatia e em medicamentos naturais. Eles eram donos de uma pequena empresa de bebidas e foram pioneiros na adição de suplementos nutricionais. A empresa se chamava Mrs. Wiggles Rocket Juice e o slogan era "Nutrição é a nossa missão". Jamie e eu, junto com as filhas do tio Q, Jessie e Tori, frequentávamos o grande armazém no qual sucos como Gingko Think e Spirulina Smoothie eram preparados, engarrafados, rotulados e empacotados. Nós competíamos para ver quem conseguia ficar mais tempo dentro do refrigerador industrial, enquanto batíamos os dentes e a ponta dos dedos começava a ficar azul. Havia um aposento glorioso cheio de caixas pesadas de papelão empilhadas, formando montanhas, que escalávamos até o topo ou arrumávamos como uma fortaleza. A empresa de sucos tinha cheiro de floresta tropical: úmido, doce e vívido. No escritório do meu pai, havia um quadro com todos os rótulos que a Rocket Juice já havia produzido. Cada um tinha um pequeno foguete escondido em algum lugar do desenho, e eu ficava procurando até encontrar todos.

Em casa, todos os alimentos eram orgânicos. Não fazíamos compras no Safeway, como a maioria das famílias. Em vez disso, Jamie e eu seguíamos nossa mãe pelos corredores estreitos do Community Market — um mercado independente local com produtos saudáveis —, que vendia coisas como lentilha a granel e tinha cheiro de velas de cera de abelha e pó vitamínico. Quando tínhamos doenças leves, íamos a homeopatas e saíamos com vidrinhos marrons de arsênico e ópio, diluídos e prensados em pequenas pílulas de açúcar que dissolviam sob a língua. Ninguém na nossa casa fumava nem consumia bebidas alcoólicas e comida processada. Nós nos exercitávamos. Passávamos fio dental. Éramos o retrato de uma família que levava uma vida saudável. Só que um de nós estava doente.

Quando fecho os olhos, ainda consigo ver minha mãe sentada à mesa de jantar, o olhar baixo, uma xícara de chá fumegante de capim-limão ao seu lado. Ela se debruçava sobre os braços bronzeados e sardentos, lendo resultados de estudos clínicos e recortando artigos de revistas. Mais do que qualquer coisa no mundo, quero abraçar a mulher à mesa e sussurrar no ouvido dela tudo que sei sobre o futuro: que o dr. Gonzalez não tem as respostas que ela busca. Que apesar de toda a sua inteligência, de seus esforços e instintos, ela está confiando na pessoa errada.

Quando eu tinha quatro anos, ganhamos um periquito chamado Davey, que era amarelo e verde com pintinhas azuis nas bochechas. Ele ficava em uma gaiola branca que contava com um osso de siba e um sininho preso a um fio. Também tinha um espelho, mas foi preciso retirá-lo quando ele começou a desafiar o próprio reflexo em uma competição de bater asas que fazia a bancada inteira tremer. Suas penas perto da asa eram aparadas, então podíamos deixar a portinhola da gaiola aberta para ele fazer pequenos voos pela casa, pousando no nosso dedo, ombro ou cabeça.

Davey se comunicava por meio de pequenos guinchos, gorjeios e inclinações de cabeça. Aprendi exatamente o som que ele fazia e o imitava. Ele falava e eu repetia, várias e várias vezes, como se ele estivesse me treinando e não o contrário. Nunca soube o significado do que ele estava dizendo, mas eu tinha certeza de que era algo secreto e lindo. Ele bicava o meu dedo de leve e virava a cabeça para me olhar com aqueles olhinhos que pareciam sementes de gergelim preto. Às vezes, Jamie interrompia nossas conversas com um "Piu piu piu, que idiotice!" e ia embora em seguida.

Ao meio-dia, quando os dois ponteiros estavam sobre a alcachofra no topo do relógio da cozinha (que tinha verduras e legumes em vez de números), eu passava pela porta, voltando da escola, e Davey cantava uma saudação. Seus gorjeios indicavam que eu tinha sobrevivido a mais uma manhã longe de casa. Cinco dias por semana, minha mãe me deixava na escola First Presbyterian Preschool, a um quarteirão e meio da nossa casa, e todas as manhãs eu berrava, chorava e implorava para ela não me deixar lá. Eu me agarrava a ela com todas as forças.

— Por favor! — eu berrava enquanto ela me dava as costas, a professora me segurando com força. — Por favor, volta!

Quando eu me separava da minha mãe, era como se tivesse ficado sem uma parte de mim. Eu sabia que ela corria risco de morrer, e ficava aterrorizada de passar mesmo que poucas horas longe de casa. E se ela morresse enquanto eu estava fora? Não confiava em ninguém para protegê-la.

Na escola, eu vagava de sala em sala, às vezes brincando, mas, na maior parte do tempo, observando os grandes relógios pretos sobre cada porta. Quando a aula acabava, eu corria para fora, subia no topo do parquinho e olhava para além da cerca em direção ao portão de entrada, desejando com força que ela aparecesse, como se isso fosse fazê-la se materializar.

Em um verão, apareceu um caroço na pata de Davey, então o levamos ao veterinário.

— Ele vai ter que passar por uma cirurgia — disse meu pai no carro.

Minha mãe brincou:

— Você acha que vão colocar uma pequena máscara de gás sobre o bico para anestesiá-lo?

Eu o imaginei com um manto e sedado na pequena mesa de operação enquanto pessoas mascaradas pairavam sobre ele com palitos de dentes e pinças. Ele voltou para casa sem o caroço, mas o câncer já tinha se espalhado pelos ossinhos ocos.

Davey sempre tinha dormido no meu quarto, mas, depois da cirurgia, minha mãe o levou para o quarto dela, porque às vezes eu me esquecia de tirar a toalha de banho de cima da gaiola de manhã, deixando-o em uma noite infinita. De repente, ele passou a precisar de coisas que eu não podia dar, como remédio e empatia. Eu sabia que deveria ficar triste pelos ossinhos do meu periquito, mas ossos não ficam visíveis, e eu não conseguia me obrigar a sentir nada em relação a eles. Assim como minha mãe, Davey não parecia estar doente. Ele ainda tinha todas as penas coloridas e os mesmos olhinhos de gergelim inquisidores. Pousava na minha cabeça, cagava e voava para longe, emitindo um som agudo como uma risada assoviada.

Se o câncer era invisível, aquilo significava que qualquer um poderia ter essa doença. Eu a imaginava pulando de uma pessoa para outra, como piolho. Falavam muito sobre piolho lá na escola.

— Não — disse minha mãe. — Você não pode pegar câncer de Davey nem de mim. É só uma coisa que dá errado internamente.

Certa manhã, minha mãe entrou no meu quarto com algo nas mãos e afastou o mosquiteiro de princesa para se sentar na beirada da cama.

— Ontem à noite, Davey parecia bem ansioso e estava voando agitado pela gaiola. Então, eu o tirei de lá e o segurei contra o meu peito até ele se acalmar. Ficamos assim por algumas horas, e aí eu parei de sentir o coraçãozinho dele batendo contra o meu e percebi que ele tinha partido.

Olhando para o montinho nas mãos da minha mãe, me dei conta do que estava prestes a acontecer e senti meu corpo inteiro se retesar. Eu não queria ver. Semicerrei os olhos, como se isso fosse me proteger da verdade, mas ela abriu o tecido, e lá estava Davey, todo amarelo, verde e imóvel.

— Você pode tocar nele — disse ela.

Muito devagar, estendi um dedo tenso e acariciei as penas macias.

Em Davey, a morte parecia arcaica. Uma película reptiliana cobria os olhinhos brilhantes, e percebi, pela primeira vez, como suas pernas eram escamosas, e as garras, curvadas. Ele parecia menor, um pequeno alienígena, como se houvesse sessenta milhões de anos de sono evolutivo em uma das mãos da minha mãe. Ela ficou sentada ali por um bom tempo, me deixando chorar, enquanto segurava aquele símbolo da morte na palma da mão.

Enterramos Davey em uma cerimônia formal no jardim da frente. Cavamos o túmulo embaixo de um arbusto e marcamos o local com uma pequena cruz de madeira. Espalhei alguns ramos de dafnáceas tirados dos arbustos do jardim dos fundos para formar um leito na terra revirada, antes de colocar Davey ali. Ao redor dele, espalhamos folhagens de milho e um osso de siba: suas coisas preferidas. Chorei, todos disseram algumas palavras, e, durante todo o tempo, senti o olhar da minha mãe em mim.

Sempre que Davey passava pela troca de penas ao longo dos anos, minha mãe recolhia as penas caídas do fundo da gaiola e as guardava em uma caixa de plástico transparente cheia de pequenos compartimentos quadrados, do mesmo tipo que usava para guardar os muitos comprimidos que tomava. Havia penas longas e graciosas com as pontas cortadas em um ângulo acentuado; as penugens felpudas do peito em um tom de amarelo-claro; e, nos menores compartimentos, suas favoritas: as peninhas minúsculas do rostinho com os pontinhos azuis. Ela disse que um dia as usaria em um projeto de arte.

Minha mãe guardava tudo. As gavetas e os armários da casa eram repletos de conchas e pedras coletadas em longas caminhadas, cartas e cartões de aniversário antigos, fotografias guardadas em caixas de sapato. Até mesmo coisas como papéis de presente e copinhos de iogurte eram guardadas para serem reutilizadas. Mas, à medida que a doença progredia, comecei a dar um novo sentido àquelas coisas. Nos anos que se seguiram, considerava um sinal de bom presságio cada folha ou flor que ela colhia e guardava dentro de um livro, cada pedaço de fita antiga que ela enrolava em uma bolinha, cada botão perdido que ela colocava no cesto de costura. Para mim, cada uma dessas coisas indicava que ela ainda tinha um futuro.

O tema da minha festa de aniversário de cinco anos, a primeira da qual me lembro, foi *Alice no País das Maravilhas*. Ainda tenho um dos enormes convites que minha mãe fez com cartolina no formato do chapéu cinza do Chapeleiro Maluco. Dentro, uma lista de elenco indicava um personagem para cada um dos convidados. As crianças eram o Gato de Cheshire, a Lagarta ou Tweedledee. Os adultos eram uma carta de baralho. Eu, lógico, era a Alice.

Meus pais recrutaram a vovó Liz para drapear longas tiras de papel pardo diante da nossa varanda e pintá-las para parecerem a entrada de uma toca de coelho. Meu pai, como Coelho Branco, alugou uma fantasia de coelho na Disguise the Limit. Minha mãe confeccionou um par de bastões de croqué de flamingo usando tacos de golfe de plástico, que ela enfiou nas pernas de meias-calças rosa-choque. Ela fez a cabeça arredondada e o corpo macio de algodão, separados por um pescoço bem comprido, e fez patas e bicos de feltro e olhinhos que giravam. Eles foram colocados na varanda dos fundos, perto de um par de bolas de isopor envoltas em cerdas que faziam as vezes de porco-espinho. No dia da festa, fiquei esperando os convidados na varanda da frente, usando avental e meu vestido azul.

Os convidados chegaram com o rosto pintado, orelhas de feltro e caudas peludas, e nós nos reunimos na sala de jantar para comer bolo e tomar leite. Meu pai imprimiu o roteiro da cena do filme da Disney, quando Alice chega ao chá maluco, e minha mãe fez um enorme relógio de bolso usando cartolina forrada com papel laminado dourado. Enquanto Jamie (a Lebre de Março) e Nancy, amiga da nossa mãe (o Chapeleiro Maluco), liam as falas, nós representávamos a sequência na qual os convidados enchiam o relógio do Coelho Branco de manteiga, chá e, por fim, geleia. Depois, jogamos croqué, usando os flamingos para lançar porcos-espinhos pelos arcos brancos espalhados pelo gramado.

Minha mãe se vestiu de cozinheira da duquesa: um chapéu alto de chef cobria o cabelo escuro lustroso e um avental branco estava amarrado na cintura. Ela nos levou para o jardim dos fundos, gritando "Mais pimenta!" de vez em quando, enquanto jogava confete na cabeça de alguém, usando um pimenteiro enorme feito com uma lata de café vazia. Ela estava completando 42 anos naquele dia. Depois, me disse que estava doida para viver os quarenta. Via a nova década como uma chance de deixar de lado antigos rancores e expectativas e começar um novo capítulo de sua vida, um mais autêntico.

A minha memória preservou e floreou o dia da festa, deixando de lado qualquer problema. Naquele dia, achei possível que os tratamentos da minha mãe funcionassem. Ela parecia bem e forte, de pé na varanda dos fundos, usando chapéu e avental brancos, avaliando o resultado de todo o seu trabalho árduo. Ela planejou e executou a festa de aniversário do mesmo jeito que lidava com os complexos tratamentos contra o câncer, do mesmo modo que fazia tudo: de forma meticulosa e incansável, atenta aos mínimos detalhes.

Um ano depois, ela e meu pai convocaram familiares para pintar ilustrações enormes de Dorothy, do Homem de Lata, do Espantalho e do Leão Covarde em pedaços imensos de papel cartão, e as espalharam pela casa para a festa de aniversário de Jamie, cujo tema era *O Mágico de Oz*. Para a festa das *Tartarugas Ninja*, eles fizeram máscaras de ninja de tecido para todo mundo, e nosso pai se fantasiou de Destruidor e fingiu sequestrar nossa prima Jessie. Para a minha festa de *Fundo do Mar*, minha mãe passou dias fazendo origamis para montar um cardume nadando por algas de papel de seda ao longo do teto da nossa sala de jantar. No meio do terror da doença da minha mãe, as festas eram algo a ansiar. Elas se tornaram grandes festivais do bairro. Amigos, familiares e vizinhos eram recrutados para ajudar a executar aquelas visões espetaculares e, durante as semanas necessárias para o preparo de todo aquele esplendor, meus pais pareciam felizes.

Depois de cada festa, meus pais não tiravam a decoração, acumulando umas sobre as outras até a nossa casa parecer um museu de fantasias infantis. Por mais de uma década, as cenas de *O Mágico de Oz* decoraram as paredes da casa. Os peixes continuaram nadando pelo teto da sala de jantar. As enormes cartas de baralho continuaram presas aos corrimãos como armaduras vazias, e uma guarda de honra de flamingos rosa-choque, posicionados ao redor do hall de entrada, nos vigiava com seus olhos esbugalhados sob uma camada crescente de poeira.

Meus pais, Peter e Kristina, se conheceram numa festa em São Francisco, em 1981, e se casaram dois anos depois na mesma cidade. Ele era um contador certificado e ela tinha acabado de se formar em administração de empresas. Meu pai tinha deixado a Inglaterra alguns anos antes, mas ainda usava várias gírias de lá, como "jolly good", "bloody hell" e "crickey", carregadas de sotaque. Ele era bonito, parecia uma mistura de James Dean e Hugh Laurie, com olhos azuis e cabelo loiro-avermelhado — os quais herdei. Ele sempre levava um lenço no bolso, no qual dava nós para se lembrar de fazer coisas que ainda assim esquecia. O nome dele era Peter Kingston, mas minha mãe o chamava de Peter Pan.

Meu pai conseguia transformar qualquer coisa em um jogo. Um pequeno gramado em declive diante de uma igreja ou de um banco era a oportunidade perfeita para brincar de "O Velho Duque de York": ele nos levava marchando até o alto da colina e depois descia marchando de volta. Ele amava atalhos. Nossa primeira casa era azul e branca e ficava na frente de uma escola de ensino fundamental que ao fim do dia trancava o portão do parquinho com cadeado. Meu pai usava um alicate para cortar a corrente que mantinha o portão fechado e colocava o próprio cadeado ao lado do da escola para que ele pudesse abri-lo sempre que a gente quisesse brincar lá. A escola substituía a corrente de tempos em tempos, e então ele comprava outro cadeado. Durante anos, mantive amizade com um garoto chamado Travis, que morava em uma casa atrás da nossa.

Meu pai serrou uma abertura retangular na cerca dos fundos e colocou dobradiças e um trinco de metal. Depois, ele foi até a casa de Travis e fez uma abertura na cerca de lá também. As duas portas eram ligadas por uma pequena passagem entre as cercas vizinhas, a qual era coberta por mato e infestada de aranhas-lobo. De vez em quando, meu pai ia até lá com um facão para aparar o mato e limpar o caminho para mim. Nas manhãs dos fins de semana, ele às vezes comprava muffins e croissants na padaria, que vinham em uma grande sacola de papel manchada de gordura, e a escondia em algum lugar no antigo cemitério rural que ficava no fim da nossa rua, colocando-a em um galho baixo de carvalho ou embaixo de um banco de mármore. Então, acompanhava Jamie e eu até a entrada e anunciava:

— Podem ir procurar o café da manhã!

Ele deixava toda a disciplina a cargo da minha mãe, um papel que ela desempenhava bem, mas do qual se ressentia. Estava sempre criando rotinas para facilitar nossos dias. Ela imprimia pequenos cardápios e pedia que escolhêssemos o que queríamos para o café da manhã do dia seguinte e para o almoço que levaríamos para a escola. Os pequenos tiques que eu fazia ao lado de *Cereal em grãos* e *Atum com bolinho de arroz* eram acordos contratuais e promessas de comer aquelas coisas que eu tinha pedido. Ela tornava nossa vida o mais previsível possível, estabilizando tudo a seu alcance. Às vezes ela tentava virar o jogo com meu pai e fazê-lo assumir o papel de educador.

— Vamos escovar os dentes e vestir o pijama antes do papai voltar — dizia ela, enquanto passeava à noite com Tippy. — Ele não vai ficar nada feliz se vocês não estiverem prontos para dormir quando ele chegar.

Às vezes a gente assentia. Mas sabíamos que ele não se importava nem um pouco com nossa hora de dormir. Ele era como uma figura de apoio na campanha solitária da nossa mãe para trazer ordem à nossa vida.

Não lembro quando nossos pais começaram a dormir em quartos separados. Uma noite meu pai estava no quarto maior, bem no alto da escada, e, na outra, estava no quarto ao lado, o de hóspedes, onde *o pai dele* dormia quando vinha nos visitar. Assim que acordei de um pesadelo e fui me enfiar na cama dos meus pais, encontrei apenas minha mãe lá, com todo o espaço do mundo para me enroscar ao seu lado. A mudança não significou mais do que isso. Não liguei aquilo às discussões que eu ouvia à noite, quando já estava de volta ao meu quarto.

Meus pais nunca discutiam lá em cima, mas pareciam não perceber que o som dos desentendimentos na cozinha chegavam até o andar superior. Às vezes eu me escondia na escada ou embaixo de um cobertor no sofá para ouvir o volume da voz deles aumentando e diminuindo. Eu não me lembro do que diziam, mas sim da forma como um assunto levava a outro, até restar apenas ressentimento. Nunca vi Jamie sair do quarto para ouvir as conversas. Ele parecia preferir ignorar as vozes e mergulhar em livros, pintar ou dormir. Ele sempre foi o filho tranquilo.

— Jamie é introvertido e você é extrovertida — explicou minha mãe certa vez, enfatizando as palavras. — É por isso que ele nem sempre quer brincar quando você quer.

Comparado a Jamie, tudo em relação a mim era frenético, barulhento e demandava atenção. As visitas chegavam à nossa casa e poderiam tropeçar em um exemplar de *Raising Your Spirited Child* (Como educar uma criança impetuosa, em tradução livre) aberto no chão. Quando a visita tentava ir embora, descobria que eu tinha escondido a chave do seu carro. Às vezes, eu pegava um rolo de barbante e amarrava as pernas dos nossos convidados nas cadeiras.

Eu não suportava ver ninguém indo embora. Achava que nunca mais iriam voltar.

— Acho que você foi trocada na maternidade — dizia minha mãe enquanto eu me contorcia no chão e fazia pirraça. — As fadas trocaram meu bebê humano por um bebê fada quando eu não estava vendo. Você deveria ter nascido em uma grande família italiana onde todo mundo é mais livre para demonstrar sentimentos. Em vez disso, veio parar na nossa família.

Ela queria dizer que nossa família tinha ascendência inglesa dos dois lados e continuava presa a um desconforto geracional diante de emoções voláteis. Sentimentos, sobretudo os negativos como raiva e decepção, eram coisas para serem reconhecidas e dominadas. As emoções eram responsabilidade de quem as sentia, e tal pessoa deveria ir para o próprio quarto pelo tempo necessário para se acalmar. Lágrimas e discussões pareciam ser coisas reservadas a momentos solitários, quando todos estavam dormindo.

Algumas noites, quando as vozes dos meus pais ficavam ainda mais altas, eu saía do meu esconderijo e entrava bem no meio da briga. Em pé, diante deles, começava a gritar ou a chorar, ou derrubava algum objeto, qualquer coisa que conseguisse pensar para desviar a atenção deles um do outro. Era mais seguro que se zangassem comigo, porque eu sabia que ao menos eles sempre me perdoariam.

Aos domingos, nós quatro seguíamos pelo quarteirão e meio que nos levava até a casa da vovó Liz para comer panqueca. A rua era ladeada por árvores de ginkgo, e a menor brisa já agitava os galhos, fazendo os milhões de lequezinhos verdes balançarem.

A mãe da minha mãe era uma mulher alta e forte de setenta e poucos anos, com mechas de cabelo branco entre os fios escuros, uma pomba da paz tatuada no pulso e o hábito de estalar a língua. Assim como meu pai, ela era inglesa, e ainda falava com um sotaque bem carregado, mesmo que tivesse apenas dezoito anos quando conheceu e se casou com meu avô americano durante a Segunda Guerra Mundial. Em dez anos, eles tiveram quatro filhos, e minha mãe foi a última. Certa vez, minha mãe me disse que achava que tinha nascido para salvar o casamento dos pais, mas tinha fracassado. Eles se divorciaram quando ela ainda estava aprendendo a andar, e o pai dela, que era político, foi morar em Washington, D.C. Lá, do outro lado do país, ele se casou de novo e teve mais três filhas. Ele e minha mãe nunca foram próximos. Ele morreu quando eu tinha três anos, e não tenho nenhuma lembrança a seu respeito.

A porta da frente da casa da vovó Liz era vermelha, e ninguém a usava. Lá também havia uma enorme palmeira, que estava sendo sufocada aos poucos por uma trepadeira. Dentro de casa, no armário do corredor, ela mantinha pilhas de livros do tipo pop-up cheios de desenhos coloridos de dinossauros, criaturas marinhas e pássaros de Galápagos que se projetavam das páginas quando eram viradas. Com um livro entre nós, Jamie e eu nos acotovelávamos para puxar as guias que faziam as patas dos patola-de-pés-azuis dançarem ou para girar a roda que abria as membranas do lagarto-leque.

As panquecas da vovó Liz eram diferentes de qualquer outra porque ela adicionava iogurte (ela pronunciava "yah-gut") desnatado na massa. Ela colocava manteiga na frigideira e derramava uma colher da massa para testar a temperatura, depois virava a panqueca e a cortava ao meio para verificar se tinha cozinhado direito. Enquanto ela colocava mais massa na frigideira, Jamie e eu dividíamos a panqueca de teste, sentindo o gosto do iogurte e da manteiga quente.

Vovó Liz era artista e dava aulas de arte na universidade local. Seu segundo marido, Bill Quandt (pai do tio Q), foi fotógrafo e dono de uma loja de equipamentos de som no centro da cidade. Depois que ele morreu, ela se casou de novo, mas só me lembro do cabelo grisalho por trás de uma poltrona. Vovó Liz fazia entalhes e, em seu estúdio, mostrava para mim e para Jamie como se fazia uma gravura em um material ceroso chamado "ground", que ela usava para cobrir uma placa de aço. Ela então mergulhava a placa em ácido, que corroía o material exposto e gravava o desenho no metal. Em seguida, ela cobria a placa com tinta e uma prensa de alta pressão transferia a imagem para o papel. Depois de pronta, a placa podia ser usada para fazer várias impressões.

Nessa época, Jamie já levava jeito para desenhar. Diferente de mim, ele parecia entender instintivamente como rabiscar as linhas em uma folha para que um cachorro parecesse um cachorro e uma casa parecesse uma casa. Enquanto eles desenhavam, vovó Liz me deixava mexer nos lindos objetos que ela guardava nas gavetinhas de uma velha caixa de tipos presa à parede do estúdio. Havia peças de vidro polido e lascas de pedras semipreciosas não lapidadas.

Havia conchas leitosas minúsculas, com contornos complexos perfeitos, e chavinhas prateadas enferrujadas, tão pequenas que deviam abrir portas de casas de fadas. Ela as guardava apenas para estudar e desenhar, mas eu tinha a impressão de que eram coisas que qualquer museu gostaria de ter.

— Ela é melhor avó do que mãe — disse minha mãe com tristeza diversas vezes. — Ela nunca tinha tempo para fazer coisas desse tipo com a gente. Quando minha mãe era mais nova, vovó Liz trabalhava fora e cuidava dos cinco filhos, então não tinha muito tempo sobrando. A infância da minha mãe tinha se dividido entre o mundo artístico e boêmio da vovó Liz e o mundo afluente e conservador de seu pai, e, em ambos os lugares, havia escassez de afeto e intimidade. Jamie e eu, por outro lado, recebemos da vovó Liz todo o carinho e atenção que minha mãe não recebeu, como se o tempo tivesse amolecido seu coração.

No outono, depois da minha festa de cinco anos, quando as folhas das árvores de ginkgo ao longo da rua ficaram douradas e caíram em pilhas sedosas, minha mãe começou a passar todo o tempo disponível na casa da vovó Liz. Durante semanas, sempre que eu a via, ela parecia estar saindo de casa, o vento afastando o cabelo comprido do rosto, enquanto segurava uma tigela de cerâmica cheia de aveia.

— Estou de saída — dizia.

Ela explicou que nossos cafés da manhã de domingo haviam parado de acontecer porque vovó não conseguia mais fazer panquecas. E contou que vovó também tinha câncer, mas não no seio nem nos ossos, e sim nos pulmões.

Então, em uma manhã no início de dezembro, minha mãe nos chamou para conversar.

— Vocês sabem da doença da vovó Liz.

Nós assentimos.

— Bem, esta manhã eu recebi uma ligação dizendo que ela estava prestes a partir, então fui lá o mais rápido que pude. Assim que cruzei a porta, ela deu seu último suspiro e morreu.

Ela contou de forma simples e clara, mas sua voz falhou na última palavra. Jamie e eu ficamos em silêncio. Devo ter chorado, mas só me lembro da sensação de que ela estava nos contando uma coisa muito, muito importante. Assim como a minha mãe, a vovó tinha câncer, e não havia sobrevivido.

Então, minha mãe perguntou:

— Vocês querem vê-la?

As árvores de ginkgo estavam nuas enquanto caminhávamos até a casa de vovó Liz. Os galhos cortavam o céu cinzento, formando algo que parecia tirado das placas de impressão que ela fazia. O ar carregava o cheiro de terra depois da chuva. Eu usava meu casaco roxo de lã com enormes botões na mesma cor e estava de mãos dadas com a minha mãe, dando três passos para cada passo dela. Jamie e meu pai vinham atrás.

Passamos direto pela porta da frente nunca usada da casa da vovó Liz e pela palmeira sufocada pela trepadeira até chegarmos à entrada dos fundos. Na cozinha, o fogão estava frio e silencioso. A sala de estar parecia a mesma de sempre, bem outonal nos tons amarronzados e alaranjados que vovó tanto amava. Contra uma das paredes havia a estátua de um antílope que, em dezembro de qualquer outro ano, ela já teria decorado com contas e enfeites.

À medida que nos aproximamos do quarto, fui diminuindo o ritmo dos passos. O medo cresceu dentro de mim. Eu nunca tinha visto uma pessoa morta. Pela porta, vi algumas pessoas andando de um lado a outro, organizando as coisas. Ao me aproximar, vi a quina da cama da vovó e um pedaço de tecido. Eu conhecia o vestido, comprido e colorido, com toque macio. A familiaridade da roupa me deu coragem para entrar.

No início, mantive os olhos quase fechados, com medo de olhar diretamente para a pessoa deitada na cama. Minha mãe e Antoinette já a tinham vestido com as roupas que ela usaria para a cremação. Pelos olhos semicerrados, vi que as mãos dela tinham sido colocadas sobre a barriga, e vi um cordão longo de contas prateadas sobre o peito. Ela estava completamente imóvel. Juntando toda a minha coragem, dei um passo à frente e olhei para o seu rosto. A expressão era da mais absoluta paz. Ela parecia estar sorrindo.

De onde eu estava, aos pés da cama, vi minha mãe seguir na direção da figura silenciosa, estender a mão e tocar o lugar onde a vida de sua mãe costumava estar. Essa imagem ficou gravada na minha mente.

Mais tarde, soube pelos meus tios, que ficaram à cabeceira dela naquelas últimas semanas, que vovó tinha tentado fazer um trato com Deus.

— Pode tirar minha vida — repetia ela como uma oração. — Pode me levar, mas deixe minha filha viver.

Minha mãe era a quarta de cinco irmãos. Bill era dez anos mais velho, depois veio Antoinette, seguida por Ward. Ward morava a duas horas ao sul, em um retiro e seminário chamado Mount Madonna Center, baseado nos princípios da ioga. Assim como ele, minha mãe tinha uma curiosidade espiritual, e, na nossa estante, havia livros sobre budismo, psicologia jungiana, filosofia e Nova Era.

Quando eu tinha seis anos, Ward apresentou para minha mãe um casal de Burkina Faso que viera dar uma palestra em Mount Madonna. Sobonfu e Malidoma Somé eram professores espirituais, palestrantes e escritores, residentes em Oakland. Estavam embarcando em um novo modelo de trabalho inspirado nas tradições da comunidade em que ambos tinham crescido, a tribo Dagara. Eles deram o nome de Aldeia ao grupo de pessoas que participariam do programa com duração de um ano, incluindo minha mãe.

No ano seguinte, um grupo de cerca de cinquenta pessoas passou a se encontrar mensalmente em uma grande sala de reuniões na Merritt College, onde as paredes e as janelas davam para as montanhas e a baía. Às vezes, minha mãe fazia sozinha a viagem de uma hora para Oakland. Outras, meu pai levava todos nós. A primeira vez que entrei na sala de reuniões, fui recebida por uma mulher alta de rosto redondo e semblante simpático, bochechas grandes e um espaço entre os dois dentes da frente. Sobonfu sempre usava vestidos compridos com estampas coloridas e um pedaço de tecido combinando em volta do cabelo preto trançado. A risada era um tipo de grito alegre. Ela falava comigo do mesmo jeito que falava com os adultos, como se não visse diferença entre nós.

Sobonfu disse que a aldeia onde ela nasceu dava grande importância a rituais. Havia rituais particulares e públicos. Rituais para comemoração e para o luto. Rituais diários, mensais e anuais. Era a forma como as pessoas processavam os eventos da própria vida e como testemunhavam a vida dos outros. Ela e Malidoma atribuíam muitas das doenças ocidentais à perda dos rituais na nossa vida. Sem eles, diziam, as pessoas tinham dificuldade para encontrar sentido nas coisas. A ideia da Aldeia era se tornar um contêiner para rituais, uma comunidade criada para proporcionar experiências compartilhadas.

Para realizar um ritual, dizia Sobonfu, era necessário definir um espaço sagrado e construir um santuário. Para se estabelecer um espaço sagrado, as pessoas envolvidas tinham que colocar uma intenção e concordar com o propósito em comum. Elas podiam definir o espaço físico com um círculo de folhas, pedras ou cinzas. Para construir um santuário, precisavam de objetos significativos, que podiam ser fotos, velas, um fio de contas, uma tigela de água. Havia cinco elementos primários, explicava Sobonfu: água, fogo, terra, natureza e minerais. Dependendo do ritual, um ou mais desses elementos podiam ser representados por uma cor ou um objeto. Ela e Malidoma acreditavam que cada pessoa era ligada a um elemento primário, determinado pelo ano de nascimento. Minha mãe era fogo, o elemento dos sonhos, da visão e da força. Jamie era terra, o elemento da casa, da estabilidade, do pé no chão. Meu pai e eu éramos minerais, o elemento das histórias, da memória.

Os encontros na sala de reuniões duravam horas, e, quando Jamie e eu começávamos a ficar agitados, nosso pai nos levava para dar uma volta pelas montanhas. O céu estava sempre encoberto naqueles passeios, o vento fazendo as nuvens correrem acima da nossa cabeça.

Depois da primeira reunião, perguntei para minha mãe se todo mundo na Aldeia tinha câncer, mas ela disse que não, que cada um estava lá por razões diferentes. Ela fez amizade com Jay, um viciado em heroína em recuperação que pilotava uma Harley-Davidson e cheirava a menta e fumaça. Ele costumava passar as noites no nosso sofá; eu descia de manhã e o encontrava meio para fora do estofado, pequeno demais para ele. No início, eu ficava cautelosa diante do seu tamanho e de sua voz grave, mas, quando ele me pegava no colo com seus braços fortes, eu me sentia segura como se estivesse devidamente afivelada em um brinquedo de parque de diversões.

Entre as reuniões mensais, os membros da Aldeia marcavam encontros na casa uns dos outros. Quando as reuniões eram na nossa casa, sempre queimavam folhas de sálvia, e comecei a associar o cheiro à presença deles. Eu ficava feliz de ver Sobonfu, e, quando me via por perto, ela abria um espaço para mim na roda de pessoas. Em geral, eu não tinha paciência para ficar mais do que alguns minutos, mas ela sempre me recebia de braços abertos. Segundo ela, as crianças nunca deveriam ser excluídas dos rituais. Certa vez, ela ajudou minha mãe a montar um santuário diante da lareira perto da cozinha. As duas montaram uma mesa dobrável comprida de madeira e a cobriram com uma toalha vermelha, representando o fogo. Sobre ela, colocaram fotos dos meus avós e bisavós, junto com objetos representando os cinco elementos. Minha mãe depois ajudou Jamie e eu a criarmos santuários parecidos, mas menores, em nossos quartos.

Sobonfu me disse que aquelas fotografias representavam o meu conjunto de ancestrais. Eu poderia obter sabedoria daquelas pessoas, explicou ela, mesmo que nunca as tivesse conhecido, porque elas se juntaram ao grande grupo de espíritos. Eu ficava encarando as fotos, olhando para cada par de olhos pixelados. Dedicava mais tempo à foto da vovó Liz, desejando que ela pudesse me dizer onde estava e como era lá. *Todas essas pessoas*, pensei, *sabem como é a morte*. Com o tempo, essas fotografias se tornaram a coisa mais próxima a deidades na minha compreensão espiritual, um tipo de panteão ancestral, com deuses e deusas do meu passado.

O ano da minha mãe na Aldeia culminou no ritual mais importante de todos, o rito da iniciação. Sobonfu explicou que a iniciação tinha três partes. Primeiro, a jornada: um membro não iniciado da comunidade devia deixar o conforto e a segurança do lar e da família para se aventurar no desconhecido. Segundo, a provação: ele precisava passar por algum tipo de prova física ou emocional desenvolvida para testar sua coragem e seu comprometimento. Terceiro, o retorno para casa: ele voltava para a comunidade e recebia as boas-vindas, já transformado.

— O que minha mãe vai ter que fazer? — perguntei para Sobonfu.

Eu a imaginei levantando uma grande pedra nas costas.

— A iniciação pode ser diferente para cada pessoa — respondeu ela. — Sua mãe está passando pela própria iniciação. A doença dela. Toda a sua família está passando por isso.

Por causa de sua doença, minha mãe não participou quando os outros membros da Aldeia se enterraram até o pescoço e ficaram lá por horas a fio.

Anos depois, folheando o caderno que minha mãe tinha deixado para mim, vi uma fotografia de uma pequena pilha de objetos: conchinhas minúsculas, contas de cerâmica e chaves de metal. Elas me fizeram lembrar dos pequenos tesouros que vovó Liz guardava nas gavetinhas do seu estúdio de arte. Abri o baú de papelão e procurei até encontrar, bem lá no fundo, uma caixinha sem nenhuma marcação. Abaixo da foto no caderno de desenho, minha mãe escreveu:

Meu querido amigo Jay usou esses pequenos tesouros em uma bolsinha pendurada no pescoço durante o ritual de iniciação na Aldeia. Como eu não podia participar, Jay fez tudo duas vezes — uma por ele e outra por mim. Isso incluiu ficar enterrado por quatro horas. Esses itens foram enterrados com ele.

Alguns deles vão ficar para você, outros para o Jamie, para serem colocados no santuário de cada um. Eles têm uma energia espiritual potente de amor. Guarde-os bem. Amo você, minha filha querida.

Sua mamãe.

Senti uma pontada de culpa. Havia anos que eu tinha retirado o santuário do meu quarto porque nunca sabia como explicar aquilo para os amigos que vinham à minha casa. Eu já era adolescente àquela altura, e minhas lembranças de Sobonfu, de Jay e da Aldeia tinham começado a esmaecer. Aquelas reuniões eram tão distantes da minha vida atual de provas de geometria, paixonites e amigos, que poderiam muito bem ter sido um sonho.

Estranhamente, o pacote não estava marcado, então eu não tinha como saber quando minha mãe queria que eu o abrisse. Segurando aquelas pequenas lembranças, senti uma onda de gratidão por elas atestarem que minhas recordações da Aldeia eram verdadeiras. Àquela altura, grande parte da minha vida antes da morte da minha mãe parecia um conto de fadas, um mundo perdido de fantasias, mitos e magia. Mas, rolando as contas entre meus dedos, percebi que todos aqueles anos foram reais, tão reais quanto aquelas coisas na minha mão.

Não lembro por que decidimos mudar minha cama naquele inverno, se queríamos apenas ver como ela ficaria perto da janela ou se precisávamos de alguma das coisas que viviam caindo entre ela e a parede: livros, meias, espadas de plástico e varinhas mágicas. Mas, quando minha mãe ergueu a estrutura, o som que ecoou de algum lugar dentro do corpo dela foi de algo quebrando.

Créc!

Foi em uma fração de segundo, uma batida errada do coração entre o som e o momento que ela caiu. Eu tinha seis anos e não soube o que fazer, então fiquei imóvel perto da porta. E ela berrou.

Nunca tinha ouvido alguém emitir um som como aquele. Parecia que ela estava sendo queimada. Continuei parada ali, estática. Estava com medo de tocar nela, mas não conseguia suportar os gritos nem a visão dela se contorcendo no chão.

Aos poucos, os berros foram substituídos por um arfar, até ela conseguir sussurrar:

— Chama o seu pai.

A instrução quebrou o encanto, e eu saí correndo. Encontrei meu pai subindo as escadas a toda velocidade e apontei na direção do meu quarto. Ele passou rápido por mim, o mesmo pânico que tinha me paralisado fazendo com que ele entrasse em ação de forma rápida e decidida.

De volta à porta, observei enquanto ele se debruçava sobre minha mãe, examinando o corpo dela com um toque gentil e investigativo. Ele falava com uma voz calma e baixa, fazendo perguntas, pedindo que ela respirasse. Através de todo o terror que eu sentia, registrei a estranha e repentina ternura entre eles, tão íntima quanto se eu os tivesse flagrado no meio de um beijo. Minha mãe era sempre tão capaz, tão formidável. Era difícil imaginá-la precisando de gentileza ou a recebendo. Só que agora ela estava chorando, caída no chão, e o meu pai estava acariciando o cabelo dela. Depois de alguns minutos, ele começou a ajudá-la a se levantar. Demorou muito tempo. Qualquer movimento, por menor que fosse, a fazia arfar ou choramingar. Finalmente ela conseguiu, apoiando-se pesadamente no ombro do meu pai. Fiquei de lado enquanto ele a amparava, um passinho agonizante de cada vez, atravessando o padrão geométrico do tapete do meu quarto até deixar o cômodo.

Nas semanas que se seguiram, minha mãe ficou em um estado constante de declínio e dor. Não sei se ela foi a algum médico, mas acredito que as orientações do dr. Gonzalez não permitissem isso. Ela não conseguia ficar completamente deitada, então meu pai alugou uma cama hospitalar ajustável e a colocou no cômodo perto da cozinha para que ela não ficasse presa no andar de cima sozinha. Durante aquelas semanas, passei minhas tardes sentada aos pés dela, curtindo a novidade de ter uma cama no meio da casa. Nos dias em que a dor dela era tolerável, ouvíamos *The Immortal Hank Williams* em fita cassete e ela me ensinava a costurar. Aprendi a fazer uma almofada de alfinetes, unindo dois quadradinhos de tecido com um ponto simples de costura ao redor da borda, deixando um pedacinho aberto no final. Então, eu virava a peça do avesso, estofava com enchimento e alguns galhos de lavanda seca e fechava a abertura. Em um canto, num ponto corrente inseguro, bordei *G. K.*, as iniciais do meu nome e sobrenome, e também do meu nome e o da minha mãe, Gwenny e Kristina.

Um dia, tarde da noite, acordei com o barulho de sirenes e com as luzes azuis e brancas de uma ambulância dançando nas paredes do meu quarto. Fui até a janela e vi dois paramédicos tirando uma maca pelas portas traseiras. Eu só tinha visto ambulâncias em filmes e, por um momento, achei que tivesse chegado a hora da minha mãe. Fiquei morrendo de medo de abrir a porta, então continuei quietinha no quarto escuro. O som de passos e vozes chegava até o quarto, vindo do hall lá embaixo. Pensei ter ouvido a voz de Sobonfu, baixa e ansiosa. Alguns minutos ou horas depois, vi pela janela quando os dois homens colocaram minha mãe na ambulância e a levaram embora.

Depois, descobri que Sobonfu tinha mesmo estado na nossa casa naquela noite, junto com outros membros da Aldeia, executando rituais para ajudar minha mãe a suportar a dor. Mas aquela dor era insuportável e, por fim, a agonia ficou tão intensa que alguém resolveu ligar para a emergência. Os paramédicos queriam deitá-la na maca, mas ela disse que não conseguia aguentar a pressão nas costas, e eles tiveram dificuldade de encontrar uma forma de transportá-la.

No hospital, tomografias da coluna revelaram uma fratura de compressão. Em algum momento depois do dia em que ela se machucou, deitada na cama no primeiro andar, a espinha dela simplesmente se rompeu. Ela foi operada para estabilizar a fratura com pinos de metal, mas ainda assim uma vértebra ficou protuberante pelo resto de sua vida, visível sob a pele. Ela acabou se recuperando, mas as tomografias tiradas no hospital, as primeiras em anos, mostraram a causa subjacente. O câncer tinha se espalhado pelos ossos.

Meus pais nos deram a notícia mais para o fim da primavera. Àquela altura, minha mãe já estava conseguindo se sentar, usando um pesado aparelho ortopédico por cima da roupa. Depois do jantar, nós quatro nos reuníamos na parte formal da sala de estar, geralmente reservada para os natais ou quando meus pais tinham convidados para o jantar. As paredes da sala tinham um tom vivo e aveludado de vermelho, os dois sofás de couro também eram da mesma cor, e havia detalhes vermelhos bordados no tapete. Em geral, toda aquela cor fazia o aposento parecer aconchegante, mas, naquela noite, parecia violento, quase alarmante. Meus pais ocuparam um dos sofás, e Jamie e eu sentamos no outro. Estava escuro do lado de fora das grandes janelas frontais, e, na mesinha de centro entre nós, havia uma grande tigela de cerâmica na qual quatro velinhas redondas e vermelhas flutuavam na água. Entendi que cada uma representava um membro da nossa família. Naquela cuidadosa composição do momento, pressenti o perigo.

Minha mãe começou a falar, mas eu a interrompi.

— Por que a galinha atravessou a rua?

Ela me encarou.

— Para chegar ao outro lado!

— Tudo bem, Gwenny, é hora de se acalmar.

Mas eu não conseguia me acalmar e contei outra piada. Fiz vozes bobas e fui sentar no colo do meu pai. Tentei de todas as formas possíveis impedi-la de dizer as palavras que eu sabia que viriam.

Se eu não as ouvisse, elas não seriam reais. Por fim, ela me fez parar com um olhar inquisidor.

Ela disse que estava morrendo. Não usou palavras como *metástase* ou *terminal*, mas disse que o câncer tinha se espalhado, que não iria melhorar, que tudo que os médicos podiam fazer era lhe dar mais tempo. Ela disse que ainda estava pesquisando novos tratamentos e que não tinha desistido, que nunca desistiria. Queria o máximo de tempo que pudessem dar a ela. Queria ficar com a gente mais do que qualquer coisa no mundo. Com um tratamento agressivo, disse minha mãe, talvez ela conseguisse mais um ano.

A palavra me atingiu como um soco no estômago. Um ano. Doze meses. Cinquenta e duas semanas. Trezentos e sessenta e cinco dias. Tempo suficiente para um ano letivo ou para plantar bulbos e vê-los florescer. Em um ano, o cabelo cresce quinze centímetros, você pode aprender um novo idioma ou recuperar um osso quebrado. Eu tinha acabado de fazer sete anos e, até aquele momento, um ano parecia muito tempo. Fiquei chocada ao descobrir que um ano não era absolutamente nada. Fiquei olhando para as quatro velas flutuando na mesa entre nós.

Uma delas deveria estar queimando mais rápido, pensei.

Enquanto ela falava, Jamie permaneceu imóvel e em silêncio. Ele estava encolhido no canto do sofá, as pálpebras baixas como se estivesse prestes a dormir. Percebo agora que ele também tinha a própria maneira de não ouvir o que nossa mãe estava dizendo. À medida que ela continuava, a respiração dele foi mudando e ficou trêmula; depois, ele começou a arfar enquanto as lágrimas escorriam pelo rosto sardento. Eu só tinha visto meu irmão chorar uma vez, quando ele caiu e se machucou. Até a hora de subirmos para vestir os pijamas, nós dois tínhamos chorado e soluçado à exaustão.

Dr. Gonzalez deixou de atender minha mãe quando o câncer dela se espalhou. Disse que ela não tinha seguido o regime de forma precisa e que ter feito uma tomografia no hospital fora uma quebra do acordo que tinham. Ele cortou contato com ela e a deixou sozinha para descobrir o que fazer em seguida.

Nunca ouvi minha mãe falar nada sobre como se sentiu quando o homem em quem confiava lhe dera as costas. Quando tento me colocar no lugar dela, sou tomada por uma raiva tão avassaladora que chego a me assustar. Quero ficar cara a cara com esse sujeito e fazê-lo entender que ninguém no mundo conseguiria ser mais empenhado que minha mãe nas tarefas que ele passou para ela. Ela tinha sido feita para esse tipo de coisa. Sua natureza exigente, rigorosa e comprometida a tornava perfeita para seguir esse tipo de programa. Acredito que o que a atraía era a possibilidade de se sentir no controle. Ela acreditava que, se fizesse tudo de forma perfeita e tivesse disciplina, sobreviveria.

Talvez minha mãe até acreditasse que o fracasso tinha sido culpa dela. Imagino-a repassando os três últimos anos na mente de forma ininterrupta. Ela se esquecera de tomar algum comprimido? Fazer um enema? Tinha comido algum pedacinho de carne ou tomado uma taça de vinho? Um ou dois anos depois de ter começado o programa, ela descobriu que o sistema de filtragem de água que tinha mandado instalar na nossa casa estava com defeito, e a água que estávamos bebendo era como a da torneira, talvez até menos pura por causa do problema no equipamento. Quando descobriu, ela ficou furiosa e triste, temendo que aquele erro tivesse lhe custado caro. Talvez ela continuasse culpando os anos de água impura pelo que aconteceu. Talvez fosse menos devastador culpar uma máquina.

Muitos anos depois, pesquisei sobre o dr. Nicholas Gonzalez e descobri que, durante a mesma época em que atendeu minha mãe, ele recebeu uma reprimenda formal da ordem médica de Nova York por se afastar das práticas aceitas e recebeu uma suspensão de dois anos. Tempos mais tarde, um estudo clínico de ampla escala não encontrou provas da eficácia do tratamento dele. Também conversei com o oncologista que tratou minha mãe logo depois do dr. Gonzalez.

— Quando a conheci — disse-me dr. Richardson —, vi uma mulher jovem e inteligente fazendo coisas bizarras para tratar o câncer. Os tratamentos eram dolorosos, potencialmente prejudiciais e muito caros. Não sou contra medicina alternativa e acho que foi por isso que ela quis que eu a tratasse, porque não debochei. Eu me contentei em ser outra engrenagem no tratamento dela. Mas algumas coisas que ele a orientou a fazer eram perigosas.

Perguntei então por que ele achava que minha mãe, depois de toda a pesquisa exaustiva que fez, tinha escolhido aquele caminho.

— Pessoas inteligentes como ela se sentem atraídas por esse tipo de coisa. Pessoas que não seguem regras, que assumem riscos. Elas são acostumadas a quebrar as convenções. Isso as torna bem-sucedidas, mas também vulneráveis.

A resposta fez sentido para mim, mas, pensando nas consequências da decisão dela de dar as costas para os tratamentos convencionais e seguir algo novo e sem comprovação, eu me sentia devastada de tanto sofrimento. Queria poder voltar no tempo, sair de uma explosão cintilante de anomalia temporal, exatamente como um personagem de *Jornada nas Estrelas*, e implorar a minha mãe que tomasse um caminho diferente. Não tenho como saber se um tratamento precoce com radiação e quimioterapia a teria salvado, mas pelo menos teria dado a ela uma chance. E, no fim das contas, isso era tudo que ela queria, uma chance para lutar pela própria vida.

O consultório da psicóloga infantil não se parecia com nenhum consultório médico que eu já tivesse visto. Havia uma pequena cozinha de piso de linóleo com geladeira, fogão, uma mesa e duas cadeiras. Além da cozinha, havia uma sala acarpetada cheia de livros, jogos, brinquedos e uma caixa de areia em miniatura apoiada em dois blocos de concreto. A terapeuta, que se apresentou como Judy, era uma mulher alta de uns quarenta e poucos anos, cabelo castanho cacheado, nariz pontudo e olhos castanhos amigáveis, com ruguinhas nos cantos. Olhei por cima do ombro, para minha mãe, enquanto eu passava pela porta. Ela estava lendo na sala de espera, onde uma máquina de ruído branco zunia constantemente. O colete ortopédico que ainda usava conferia ao seu corpo uma aparência quadrada sob o largo vestido de algodão. Ela prometeu que ficaria ali durante toda a consulta, mas ainda precisei reunir toda a minha coragem para me permitir perdê-la de vista.

Durante aquela primeira sessão, Judy não fez perguntas sobre minha mãe, nem sobre sua doença. Ela ficou me observando brincar na caixinha de areia, cavando trincheiras e túneis e enchendo-os com animais de brinquedo e princesas da Disney. Às vezes, ela perguntava o que eu estava fazendo e quem eram as pessoas que povoavam aquele mundinho. Mantive as mãos ocupadas e mal olhei para a mulher que me observava.

— Como foi? — perguntou minha mãe enquanto seguíamos para o carro.

Havia um grande salgueiro-chorão na frente, espalhando suas longas gavinhas pela rua.

Dei de ombros. Eu não tinha palavras para a sensação solene dentro daquela sala cheia de brinquedos. Eu voltaria lá, de tempos em tempos, ao longo de dezesseis anos.

Algumas semanas depois da minha primeira sessão com Judy, uma mulher da instituição de cuidados paliativos veio à nossa casa e se sentou comigo na sala vermelha. Não sei onde Jamie estava naquele dia, mas a mulher deixou bem evidente que tinha vindo especialmente para me ver. Ela trouxe um grande rolo de tecido, preso a um grosso bastão de madeira, com pequenos bolsos costurados por toda a sua extensão. Sobre a mesinha de centro entre nós, ela espalhou várias almofadinhas fofas, como aquela que fiz com minha mãe quando ela estava de cama. Em vez de iniciais, o bordado dessas almofadinhas trazia palavras como *triste*, *feliz*, *amedrontada* e *cansada*. Ela me pediu para escolher as palavras que descreviam como eu me sentia quando pensava na doença da minha mãe e as colocasse nos bolsos.

— E quanto a esta aqui? — perguntou ela, apontando para *zangada*, quando terminei e a deixei na mesa.

Dei de ombros.

— Sabe, não tem problema se sentir zangada.

Eu assenti.

— Você não fica nem um pouco zangada? — insistiu ela.

Ansiosa por agradar, peguei a almofadinha.

Eu não entendia bem por que aquela mulher achava que eu deveria ficar zangada por minha mãe estar doente. Nem conseguia me lembrar de quando ela não estava. Teria sido como ficar zangada por causa da gravidade.

Eu ficava zangada *com* a minha mãe. Ela não me deixava comer todos os doces que eu queria, e mesmo os permitidos eu não podia comer depois das cinco da tarde.

— Vamos ter que desgrudar você do teto com uma espátula — dizia ela quando eu implorava por outro biscoito.

Ela costumava perder a paciência comigo, em geral porque não a deixava em paz quando estava conversando ao telefone. Ela me mandava para o quarto, onde eu gritava e atirava coisas contra a porta, imaginando que estava ensinando uma lição para ela ao continuar atrapalhando a ligação. Então, ela entrava no meu quarto com um olhar fulminante. Naqueles momentos, ela ficava assustadora, e eu me jogava no chão, me rendendo.

Ela sempre ficava do lado de Jamie quando brigávamos, porque ele sabia como ser sutil nas provocações, e eu só tinha um modo de reagir, que era sempre explosivo. Eu ficava particularmente irritada quando ele imitava minhas reclamações.

— Gostaria que você pudesse ouvir o que está dizendo — explodia ela. — Vou começar a carregar um gravador para poder mostrar para você depois!

Mesmo nos meus momentos mais irados, eu sabia que aquelas brigas eram necessárias. Tínhamos direito a elas; eram muito preciosas. Subjacentes a cada discussão ou briga aos berros, estavam as sombras de todas as outras que jamais teríamos. Minha mãe nunca me diria que roupa não usar em um encontro, nunca poderia desaprovar meu namorado ou minha escolha de faculdade, meu emprego ou minha forma de educar meus filhos. Ela nunca faria comentários passivo-agressivos sobre a minha forma de dirigir ou sobre a cor que escolhi para pintar um cômodo. Eu nunca poderia ignorar os conselhos dela sobre fraldas reutilizáveis, e ela nunca poderia ignorar minha opinião política.

Então, talvez houvesse outro motivo para eu ter deixado aquela almofadinha na mesa, porque a raiva era um recurso que eu não tinha em abundância. Eu não tinha como explicar para aquela mulher de voz suave que eu queria ter muitos anos para ficar zangada com a minha mãe. Muitos anos mais para me sentar ao lado dela e bordar nossas iniciais em mil alfineteiros fofos e inúteis.

No fim da primavera, Jamie e eu entramos para o grupo de apoio da clínica de cuidados paliativos voltado para filhos de pessoas com doenças terminais. Chegávamos juntos ao prédio baixo e cinzento, mas éramos direcionados a salas diferentes de acordo com a idade. O meu grupo era conduzido por duas mulheres de meia-idade, ambas com cabelo escuro e cacheado, e nos reuníamos ao redor de uma mesa grande em uma sala branca. Apesar de odiar ir, eu sempre me sentia melhor depois. Eu nunca tinha passado tempo com outras crianças cujos pais estavam doentes, e era ao mesmo tempo estranho e reconfortante entender que minha família não era a única, que outras pessoas também levavam uma vida sob o tique-taque constante do relógio.

Minhas lembranças daquela sala branca são meio desfocadas. Eu me lembro de colorir muito, usando giz de cera áspero. Também me lembro do riso. A sala branca nem sempre era um lugar triste. Na verdade, era um dos poucos lugares nos quais a dura realidade da doença da minha mãe era vivenciada com humor e brincadeiras. As mulheres que orientavam o grupo pareciam compreender que a tristeza em crianças não é sustentável. Ela vem em explosões e, então, suas mentes buscam distração. Naquela sala, era aceitável inclusive fazer piadas sobre doença e morte. Como gerações de garotas antes de mim, eu costumava saltitar pelas calçadas, pulando de um quadrado para o outro, cantando: "Se pisar na linha, sua mãe cai doentinha." Entre as crianças do grupo de apoio, eu podia revelar meu pensamento secreto e que me enchia de culpa: "Ih! Já era!"

Havia umas doze crianças no grupo, mas só consigo me lembrar do rosto de Carla e José, porque os dois irmãos deixaram o grupo apenas algumas semanas depois de eu ter entrado. Certa tarde, uma das mulheres de cabelo escuro cacheado anunciou:

— Hoje vai ser a última sessão de Carla e José.

Todos se entreolharam, imaginando se o pai deles tinha se curado por um milagre. Lógico que esse era o desejo secreto de todo mundo para os próprios pais, mas raramente expressávamos isso em voz alta, porque o objetivo do grupo era aceitar que aquilo nunca aconteceria.

— Na semana que vem, Carla e José vão para um grupo diferente — explicou a mulher.

Todos baixaram o olhar. Sabíamos da existência desse outro grupo, para as crianças cujos pais morreram. Ninguém disse nada.

— Eles concordaram em vir a um último encontro para nos contar sobre a experiência deles — continuou ela. — Acho maravilhoso que estejam sendo tão corajosos e generosos.

Continuamos em silêncio, e Carla começou a falar devagar:

— Bem, ontem nós fomos ao hospital para nos despedir.

Havia uma semana que o pai deles tinha sido ligado a máquinas de suporte à vida. Ele estava inconsciente, enquanto seus órgãos paravam de funcionar. Os dois explicaram que tinham dado um abraço nele, que a mãe tinha chorado, que desejaram que, de alguma forma, ele conseguisse ouvi-los dizerem o quanto o amavam. Que saíram do quarto antes de os médicos desligarem as máquinas que levavam ar aos pulmões e bombeavam o sangue dele. Nenhum dos dois chorou ao falar. Para mim, eles nem pareciam tristes. Só muito, muito cansados. Durante o resto da sessão, todos nós olhamos para eles com um misto de compaixão e admiração. Eles tinham ido para o lugar ao qual todos nós iríamos e tinham vislumbrado o impossível do outro lado.

Depois de alguns meses de reuniões, as duas mulheres anunciaram que tinham uma surpresa para nós. Elas nos instruíram a escrever uma mensagem para a pessoa doente da nossa família em um pedaço de papel. Então nos levaram para fora da sala branca e pelas portas de vidro do prédio até o pequeno gramado do lado de fora. Havia um homem esperando ao lado de uma fileira de caixas com aberturas de ventilação, empilhadas de duas em duas. De dentro delas, ouvia-se um farfalhar. Formamos uma fila ao lado das caixas, e o homem pegou o papel de cada um de nós. Ele abriu uma portinhola da caixa e tirou, com cuidado, um pombo cinzento. Ele explicou que aqueles eram pombos-correios, treinados para levar nossas mensagens. Quando chegou a minha vez, ele colocou o papelzinho em um tubo plástico e o prendeu na patinha de um pombo com listras brancas nas asas. Então, me entregou o pássaro, mostrando como eu deveria segurá-lo para que as asas ficassem sob os meus dedos. Senti o coraçãozinho acelerado vibrando nas minhas mãos. Dei um passo à frente, me afastando do homem, das crianças e dos outros pássaros, até sermos apenas o pombo e eu. Repeti em pensamento o que tinha escrito no papel e lancei o corpinho quente e agitado no ar com as duas mãos, como se estivesse jogando confete para cima. Perto de onde eu estava, ouvi o clique de alguém tirando uma foto. Todos esses anos depois, consigo olhar para a foto e ver o simbolismo daquela cena. Consigo perceber que a intenção era ser a foto de alguém se libertando.

Só que, naquele papel, em vez de escrever uma mensagem, eu tinha escrito um desejo. E era o mesmo desejo que sempre fazia para cada cílio caído, cada vela de aniversário apagada, cada ponte, cada túnel e cada dente-de-leão, desde que aprendi o significado de superstição. O desejo tinha catorze palavras:

Desejo que a minha mãe fique viva, que melhore e que nunca mais tenha câncer.

Naquele verão, quando a coluna da minha mãe melhorou, ela colocou várias jardineiras elevadas ao longo da cerca dos fundos, e tentamos cultivar verduras e legumes. Jamie e eu plantamos fileiras de cenoura, alface e alho-poró. Fizemos pequenas treliças de rede na cerca de madeira para o feijão-trepador. Fomos à loja de jardinagem King's para comprar sacos de terra fértil e frascos com joaninhas para manter os pulgões afastados. A loja King's era o lar de um grande papagaio azul que, em vez de repetir o que você dizia, balançava a cabeça de um lado para o outro e berrava "Nã-não!" quando você falava com ele. Seu pequeno poleiro de madeira ostentava uma placa para os visitantes curiosos informando que ele bicava. Pedi para levar as joaninhas para casa para que eu pudesse ficar olhando as lustrosas costas vermelhas e as patinhas pretas farfalhantes, e a forma como pareciam borbulhar e se afastar que nem mercúrio líquido.

Perto da nossa cerca, abri a tampa e peguei um punhado, espalhando-as pela propriedade. Eu as coloquei nas folhas de alface, nas rosas, nos miosótis e também na camomila-de-campo, que minha mãe disse que antigamente era usada para aliviar dores e baixar a febre. Quando eu tinha uns quatro ou cinco anos, gostava de brincar de pegar as folhas e flores do jardim e amassá-las com um pequeno pilão e almofariz que encontrei na cozinha com as especiarias. Eu adicionava gotas de água e pitadas de terra para fazer elixires, os quais guardava em pequenas garrafinhas de vidro colorido. Às vezes pedia que minha mãe tomasse, esperando que a mistura a fizesse melhorar. Ela fingia dar um golinho e, então, fazia uma careta para mostrar que o gosto era horrível. Eu achava aquilo reconfortante, já que todos os remédios tinham gosto ruim. Quando coloquei o último punhado de bichinhos vermelhos, desejei que fosse verdade o que tinha ouvido falar sobre as joaninhas. Que elas dão sorte.

Começamos nossa própria compostagem sob lonas verdes em um canto escuro do jardim. Guardávamos cascas de vegetais e os misturávamos com folhas e aparas de grama, revirando o composto esfarelado com o garfo de jardinagem para revelar minhocas. Nas manhãs frias, com as mãos na terra, minha mãe conversava com a gente sobre decomposição, sobre como a morte de uma planta dava vida a outras. Ela nos contou histórias sobre o pai do tio Q, vovô Bill, que ela amava como se fosse pai dela e que morreu quando ela tinha apenas treze anos. Falou das lembranças vívidas que ainda tinha dele. Ela nos disse que, quando fechava os olhos, ainda conseguia vê-lo tragando um cigarro comprido para depois soltar anéis perfeitos de fumaça no ar.

O local que escolhemos para os canteiros era protegido pelas sombras de altos carvalhos, e as cenouras que colhemos estavam magras. A alface talvez desse para uma salada (a qual tenho certeza de que nem Jamie nem eu teríamos comido). Acho que os feijões--trepadores cresceram bem. Agora, sei que as verduras e os legumes nunca foram o objetivo da coisa toda.

No outono em que comecei o segundo ano do ensino fundamental, minha mãe passou a se juntar a mim na cama de manhã antes da escola. Ainda despertando, eu sentia os braços em volta de mim e, sonolenta, abria espaço para ela se deitar comigo. Ela disse que queria que eu me lembrasse do cheiro e do toque dela. Ela queria infundir em mim uma boa dose de amor.

— Tenho medo de esquecer você — confessei para ela um dia, enquanto estávamos deitadas na cama olhando para o teto. Eu sentia que estava começando a esquecer vovó Liz, que já tinha falecido havia dois anos àquela altura. — Gostaria de ter um vídeo seu falando comigo para eu poder assistir sempre que quiser.

Naquele outono, ela começou os primeiros ciclos de quimioterapia. Mesmo comparada com o Protocolo Gonzalez e suas consequências, a quimio era brutal. Havia dias em que ela não tinha energia nem para erguer a cabeça. Durante as semanas de tratamento ininterrupto, cada cômodo da casa precisava ter uma daquelas tigelas cor-de-rosa em forma de feijão, posicionadas discretamente para o caso de ela precisar vomitar.

— Por que elas têm esse formato? — perguntei para Jamie.

— É para encaixar o queixo — explicou ele. — E para o vômito poder ir para os cantos e sobrar lugar no meio. É a mais alta tecnologia, se você pensar bem.

Na sala de espera da oncologia, eu não conseguia evitar comparar minha mãe com os outros pacientes, os que eram magros e carecas. *Essas pessoas estão doentes de verdade*, eu pensava. *Não são como minha mãe.* O hospital tinha cheiro de Lysol e alvejante, e, por muito tempo, associei o cheiro de desinfetante a doença. Haveria muitos hospitais depois disso, e eles se embaralhariam na minha mente: os mesmos cheiros, as mesmas luzes, os mesmos corredores compridos e brancos. Nenhum deles se destacou para mim. Nenhum deles parecia um lugar de verdade.

Uma semana depois do feriado de Ação de Graças, minha mãe tirou boa parte das pilhas de papel que se acumularam na mesa de jantar, e a superfície oval de madeira emergiu como um rosto esquecido. Depois, sobre a superfície vazia, ela colocou dois cestos pequenos, um de vime e outro de papelão laminado. Então vieram as caixas.

Havia muitas delas: retângulos pequenos de papelão com estampa de conchas, latas octogonais com ilustrações de Cicely Mary Barker, de fadas em flores. Havia caixinhas de veludo e pequenos recipientes esmaltados, como aqueles em que guardávamos nossos dentes de leite. Havia uma caixa maior com cantos de metal, coberta de papel japonês, e um cilindro fino que se parecia com um pedaço de galho de bétula, até você puxar uma aba oculta. Havia uma caixa que parecia três tartarugas empilhadas, uma em cima da outra, entalhada em algo que se assemelhava a osso, e uma caixa de couro marrom que vinha dobrada, mas se abria se você soubesse onde pressionar. Aquela infestação de caixas me deixava nervosa. Eu sabia o que elas significavam; só que, na verdade, não sabia. Tenho certeza de que minha mãe me explicou, mas eu estava relutante em absorver a informação. As caixas pertenciam a um futuro sobre o qual eu ainda não estava preparada para pensar.

Às vezes minha mãe se sentava à cabeceira da mesa, às vezes em um dos lados, movendo-se à medida que completava uma tarefa misteriosa para começar outra. Por vezes, ela passava horas separando os objetos nas caixas, escrevendo em cartõezinhos brancos e os prendendo com fita. Do mesmo jeito que antes ela se debruçava sobre os resultados de estudos clínicos, ela agora se debruçava sobre os pacotes brilhantes, amarrando laços e mais laços. Tippy volta e meia se sentava com ela, a cabeça inclinada, como se algum resto de comida fosse cair da mesa na qual nunca comíamos.

Ansiando pela atenção dela, eu tentava distraí-la do projeto, sugerindo: "Vamos nadar!" ou "Vamos jogar alguma coisa. Deixo você começar."

Ela sempre respondia:

— Depois, filha. Estou no meio de um trabalho aqui.

Mas o *depois* estava cada vez mais incerto.

À medida que as semanas passavam, comecei a odiar as caixas. Havia tantas quanto os muitos anos que teríamos pela frente sem ela. Como aquelas caixas podiam ser mais importantes do que eu? Sentia ciúme do meu eu do futuro, a garota hipotética sobre a qual minha mãe estava pensando, enquanto eu estava parada ali, bem diante dela. Eu me imaginava virando aquela mesa e jogando todos aqueles laços, caixas, listas e cartões no chão. Mas a mesa era pesada demais para eu conseguir erguê-la.

Naquele mês de dezembro, meu pai escolheu um pinheiro de mais de cinco metros de altura, quase o dobro do tamanho da nossa árvore de Natal de costume. Sempre cortávamos a nossa própria árvore em uma fazenda em Sebastopol. Quando meu pai prendeu parte da árvore na nossa pequena carreta de madeira e a ponta no teto do carro, ela se provou tão comprida que galhos afiados cobriram alguns centímetros do para-brisa.

Ele colocou a árvore no saguão de entrada da nossa casa, onde o pé-direito tinha dois andares, e prendeu a copa no lugar com linha de pesca, aninhada no canto da escada. Então ele, Jamie e eu nos posicionamos nos degraus, lançando metros de pisca-piscas brancos um para o outro, envolvendo os galhos com luzinhas que pareciam estrelas.

Todo ano, nas semanas que antecediam o Natal, minha mãe colocava eu e Jamie para ajudar a fazer presentes para amigos e familiares. Nos anos anteriores, fizemos apenas coisas simples como estrelas de origami para pendurar nas janelas ou usamos tinta spray dourada para transformar bolas de isopor em enfeites. Mas, naquele ano, ela havia comprado dezenas de velas brancas redondas e finas placas de cera colorida das quais deveríamos cortar formas com um estilete. Nós tínhamos que amolecer as placas com uma chama, depois esticar uma camada na superfície dos globos brancos e criar desenhos. Jamie decorou suas velas com dragões e castelos. As minhas eram mais abstratas. Foi uma ideia ambiciosa, e nós nos dedicamos por mais de uma semana, todas as tardes, mas ainda assim, na manhã da véspera de Natal, não tínhamos terminado. Mamãe nos mandou voltar para a mesa de jantar, mas já estávamos tão fartos do projeto que nenhum de nós conseguiu se concentrar. Fizemos piada e ficamos de implicância. Pingamos cera derretida no dedo um do outro e grudamos os recortes coloridos no nosso rosto.

De repente, notamos que nossa mãe não estava mais no cômodo com a gente. Subimos até o quarto dela, onde ouvimos sons suaves vindos do banheiro da suíte. Quando entramos, nós a vimos sentada, de roupa e tudo, no banco ladrilhado do chuveiro, chorando.

Quase nunca vi minha mãe chorar. Eu já a vira com uma expressão solene, decepcionada, frustrada e furiosa, mas acho que ainda não a tinha visto sofrendo. Ela estava escondendo o rosto nas mãos, mas as lágrimas encontraram um caminho por entre os dedos. Ao ouvir nossos passos, ela se inclinou para a frente, protegendo-se. Jamie e eu trocamos olhares culpados. Não tínhamos nos dado conta de que as velas representavam algo mais do que um presente para as festas de fim de ano, que elas eram uma parte crucial da idealização da minha mãe para esse último Natal perfeito. Ela parecia tão derrotada, agachada no boxe. Quis dizer alguma coisa, mas não consegui pensar em nada. Em vez disso, Jamie e eu descemos em silêncio para a sala e voltamos a decorar as velas.

Acordei cedinho na manhã de Natal. Fui correndo para o quarto de Jamie e fiquei pulando na cama dele até ele concordar em descer comigo para olharmos nossas meias. Nosso pai desceu em seguida, com seu pijama azul felpudo, e colocou o CD natalino do King's College Choir. Como a coluna da minha mãe já estava boa o suficiente, ela voltara a dormir lá em cima, e a cama de hospital alugada fora devolvida. Jamie e eu pegamos nossas meias e as levamos para o quarto dela.

Jamie e eu sempre fazíamos presentes um para o outro e para os nossos pais. Naquele ano, minha mãe me ajudou a fazer uma pequena tapeçaria com um desenho de lagarto vermelho para o quarto de Jamie. Para mim, Jamie fez uma caixa de receitas de madeira no formato de uma pequena casa com uma janelinha e uma porta pintadas, um telhado de palha e uma chaminé de tijolos. O telhado se abria para revelar fichas de arquivo, e a chaminé tinha um pequeno encaixe para segurar uma de cada vez. Minha mãe já tinha preenchido várias fichas com receitas de família: as panquecas da vovó Liz, o bolo de chocolate sem farinha dos nossos aniversários, os biscoitos de chocolate sem glúten que ela inventou porque Jamie não podia comer trigo.

Depois que abrimos todos os presentes, meu pai me levou para um longo passeio pelo bairro com Tippy. Caminhamos por nossa rua, passando pela entrada do cemitério, pelos portões abertos e pelos túmulos sombreados. A manhã ainda estava nublada, deixando tudo úmido e cinza. Cumprimentamos alguns amigos da família que estavam na varanda de casa brincando com um filhotinho de cachorro, um presente de Natal para os filhos.

O filhotinho de pastor australiano cambaleava, as patinhas grandes, e erguia o focinho para farejar o vasto mundo inexplorado.

Quando voltamos para casa, Jamie e minha mãe ainda estavam na cama, e eu percebi que ele tinha chorado.

Durante toda a minha vida, senti que havia segredos entre os dois. Eles tinham uma ligação da qual eu parecia não fazer parte. Eram até parecidos fisicamente, com cabelo escuro, nariz reto e olhos castanhos. Eu era pálida como meu pai, e o nosso nariz era ligeiramente desviado para a direita, embora ele sempre tenha dito que o dele era resultado de uma antiga lesão de rúgbi. Eu me sentia uma estranha no ninho, a bebê fada que tinha sido trocada na maternidade, aquela que tinha como missão observar e aprender a fazer parte daquela família de humanos. Às vezes, eu me perguntava por que uma fada ia querer pertencer a uma família humana, quando essa era a coisa mais difícil e sofrida do mundo.

Na primavera, sentei com minha mãe na ampla varanda de madeira vermelha nos fundos da casa, enquanto a máquina do cabeleireiro zunia como um inseto zangado. Ela apertava a minha mão, enquanto o cabelo comprido e liso caía em grandes mechas. À medida que as lâminas realizavam o seu trabalho, o couro cabeludo brilhando por entre as mechas remanescentes me fizeram pensar em um pirata, e eu controlei a vontade rude de gritar: "Todos a bordo!" Ou talvez tenha gritado. Eu sempre parecia dizer a coisa errada na hora errada. Deixamos o cabelo no chão para os passarinhos pegarem e usarem em seus ninhos, mas ela separou uma trança longa, da espessura de uma bala de alcaçuz, e deu para mim. Eu a guardei em uma caixinha de metal que ficava em uma prateleira no meu quarto. Por anos a fio, eu a abria para sentir o cheiro fraco do xampu que minha mãe usava.

A quimio funcionou.

Ao fim do ano que os médicos tinham dado para minha mãe, novas tomografias mostraram que a condição dela tinha se estabilizado.

Absorvi a notícia com uma sensação surpreendente de anticlímax. Depois de um ano achando que estávamos celebrando nosso último Quatro de Julho juntos, nosso último Halloween, nosso último feriado de Ação de Graças e nosso último Natal, as últimas festas elaboradas de aniversário organizadas pelos nossos pais, estávamos de volta à estaca zero, diante de mais um ano de últimas comemorações. Mais um ano, disseram os médicos. Não mais do que isso.

Era a melhor notícia que poderíamos esperar. Mas ainda assim...

Um ano.

Um ano não chegava nem perto do tempo que eu queria passar com minha mãe. Eu queria tempo para desperdiçar, tempo para esquecer completamente que nossa vida juntas tinha data marcada para terminar.

Descobrimos que não tínhamos como sustentar a urgência com a qual estávamos vivendo. Era exaustivo passar cada momento juntos como se fosse o último.

***

Naquele mesmo ano, a empresa Mrs. Wiggles Rocket Juice começou a enfrentar problemas. Um surto de intoxicações por *E. coli* na Califórnia foi rastreado até outra empresa com um produto semelhante. Isso levou a novas leis estaduais para a venda de alimentos e bebidas. Mrs. Wiggles era uma empresa pequena que não tinha como atender os novos padrões. Meus pais foram obrigados a considerar vender a empresa e, depois, cogitar deixar a empresa ir à falência. Minha mãe ainda supervisionava as estratégias de marketing e negócios, mas as operações diárias ficavam nas mãos do meu pai. A preocupação com os negócios pareceu se fundir à preocupação com a doença da minha mãe até que as duas coisas se tornassem indistinguíveis para mim, uma nuvem carregada de preocupações dos adultos.

Meus pais nunca conversavam com Jamie ou comigo sobre dinheiro. Sempre houve o suficiente. O custo dos tratamentos da minha mãe nunca ameaçou falir a família. Nunca precisamos escolher entre o tratamento médico dela e as outras necessidades. Quando os dois trabalhavam, eles tinham como pagar uma babá, e quando cuidar da doença da minha mãe se tornou o único trabalho dela, uma mulher maravilhosa chamada Elisabeth passou a vir três vezes por semana para cozinhar, fazer faxina e cuidar da roupa. A ameaça à empresa foi a primeira coisa que me fez ter alguma ideia de que meus pais tinham preocupações com dinheiro, e se passariam anos até que eu conseguisse compreender a real gravidade da situação.

Uma tarde, no auge da crise, minha mãe foi até o escritório do meu pai, uma construção pequena atrás da casa, e o encontrou segurando uma arma. Quando ela perguntou o que ele estava fazendo, ele confessou que vinha pensando em dar um fim à própria vida.

Só posso imaginar os sentimentos da minha mãe ao ver o marido fisicamente saudável acenando para a morte. *Não*, imagino-a pensando. *Você não pode morrer. De nós dois, você é a pessoa que tem que viver.*

Soube que, na hora, ela disse que ele tinha prometido levar Jamie para dar um passeio de bicicleta naquela tarde. Ele não se lembrava? Parece que foi o suficiente para convencer meu pai a largar a arma e continuar vivendo. Depois disso, ela discretamente tirou a arma e a espingarda de caça da nossa casa. Quando eu finalmente soube dessa história, muito depois de a empresa ter sido vendida, parecia algo que só podia ter acontecido com outro homem, em outra família. Como alguém apontando uma arma para si mesmo poderia ser a mesma pessoa que organizava festas mágicas de aniversário, fazia caças ao tesouro, usava fantasias ridículas e cantava para mim à noite? Eu sentia que aquela pessoa com a arma não tinha absolutamente nada a ver com a nossa vida.

N o terceiro ano do fundamental I, mudei de escola, saindo de uma particular para uma pública que ficava no nosso bairro. Jamie pulou uma série e já estava numa escola pública, mas de ensino fundamental II. Na época, não me ocorreu que aquilo tinha a ver com os problemas financeiros da família. Minha mãe disse que queria que fizéssemos amigos no nosso bairro.

Eu gostava da nova escola porque podia ir andando. Achava mais fácil assim. Sempre odiei ver meus pais indo embora de carro.

No início, eu só podia ir para a Proctor Terrace Elementary junto com uma garota mais velha que morava na esquina da nossa rua, uma das gêmeas que estudavam na escola. Quando eu fosse para o quinto ano, minha mãe prometeu que eu poderia ir sozinha. A Proctor Terrace era a escola na qual minha mãe estudara mais de trinta anos antes, e minha rotina matinal era igual à dela na época.

Minha melhor amiga na nova escola se chamava Becca. Ela era alta, tinha um lustroso cabelo castanho liso e sardas no rosto. Quando fui convidada a dormir na casa dela, fiquei tão animada que nem me dei conta de que nunca tinha dormido na casa de uma amiga. Meu pai me levou até lá de carro no sábado à tarde. Nós brincamos no quintal com o gatinho que ela tinha acabado de adotar, um siamês chamado Alexander. Ela me ensinou a preparar chá gelado e saboreá-lo com a hortelã tirada de um canteiro perto da porta dos fundos. Mais tarde brincamos com as maquiagens da mãe dela, fazendo riscos escuros nas sobrancelhas e colocando sombra roxa nas bochechas. Não usamos nada do jeito certo porque nossa intenção não era ficar bonita, mas sim fazer a outra rir.

A angústia começou a pesar no meu peito quando o sol se pôs. Eu me sentei para jantar com a família de Becca e fiquei empurrando a comida no prato. Em casa, meu pai teria preparado ovos mexidos ou um simples macarrão com manteiga — eu só comia comida bege, e isso era até piada na nossa família —, e eu teria jantado na bancada da cozinha junto com meu irmão e meu pai. Minha mãe estaria sentada à mesa de jantar lendo ou escrevendo, ou estaria no seu quarto.

Depois do jantar, brincamos de Barbie no quarto de Becca. Eu não podia ter uma Barbie em casa (minha mãe dizia que elas não apresentavam uma imagem corporal feminina positiva), então é lógico que eu as adorava. Na hora de ir para a cama, abri meu saco de dormir lilás ao lado da cama de Becca, e a mãe dela veio nos dar um beijo de boa-noite.

No escuro, a sensação no meu peito começou a subir pela garganta. Meu pai estaria passeando com Tippy agora, com sua coleira vermelha pendurada no pescoço enquanto ela trotava na frente dele no escuro. Minha mãe e Jamie estariam cada um em seu quarto, lendo sob a luz do abajur. O quarto entre o deles, o meu, estaria vazio.

Senti um gosto metálico na boca, minhas bochechas começaram a pinicar e minhas mãos ficaram quentes. Conseguia ouvir as batidas do meu coração e comecei a me preocupar que talvez Becca também pudesse ouvir. *Vá dormir!*, minha mente me ordenava. Se eu conseguisse dormir, logo seria manhã e tudo estaria acabado. Fiquei ofegante e enfiei o travesseiro na boca.

— Não vou morrer enquanto você estiver longe. — Minha mãe me prometera anos antes, quando eu tinha medo de sair do lado dela por um segundo que fosse. — Não é assim que o câncer funciona. Não vai ser algo repentino. Vamos ter muito tempo para nos preparar.

Eu acreditei nela. Ainda assim, havia essa criatura presa no meu peito tentando sair. A mãe de Becca ainda estava acordada quando fui até a sala. Ela ligou para o meu pai assim que pedi e ele chegou em minutos.

No almoço de segunda-feira, Becca contou para as meninas na nossa mesa que eu tinha saído da casa dela no meio da noite.

— Ela queria o pai dela — revelou Becca, e todas caíram na risada.

Fiquei vermelha. Percebi que ela tinha dito aquilo para me envergonhar, embora fosse a mais pura verdade.

O cabelo da minha mãe cresceu em cachos macios, completamente diferentes do cabelo que ela tinha perdido. Achei que ela havia ficado estranha com cachos, porque suavizavam as feições, amenizando as linhas das maçãs do rosto e o queixo marcado. Ela prendia o novo cabelo para trás com grandes presilhas roxas para que não caísse no olho.

Toda tarde, quando eu voltava da escola, ela me chamava de onde quer que estivesse.

— Gwenny, Gwenny! Você voltou! — dizia ela, e imitava o modo como nosso periquito me cumprimentava, toda alegre. E então me mandava praticar piano.

Nós tínhamos um Yamaha antigo de madeira, e eu precisava sentar cinco vezes por semana no banco laqueado e fazer os exercícios por trinta minutos. Minha professora vinha às quintas-feiras e logo abria o caderno preto, no qual ela passava os deveres, para verificar no canto superior esquerdo da página onde eu marcava que tinha praticado. Raramente eram mais que três linhas, mas nunca passou pela minha cabeça falsificar o registro para acrescentar mais algumas.

Minha mãe também tinha estudado piano quando criança, mas não dera continuidade.

— Eu *bem* que gostaria que alguém tivesse me obrigado a praticar quando tinha a sua idade — dizia.

Na cabeça dela, essa prática diária me prepararia para ser a pessoa capaz de acompanhar canções natalinas, alegrar um ambiente com música ou tocar suavemente em uma festa. Alguém que em qualquer lugar do mundo se sentaria diante do mesmo conjunto de teclas pretas e brancas e tocaria uma música.

Mas as horas em que eu deveria estar praticando durante a semana eram um investimento no futuro, e o futuro era algo que aprendi a temer, algo contra o qual lutar. Não queria me tornar a pessoa que tocava piano, queria continuar sendo a pessoa que tinha uma mãe.

Depois de alguns anos de aulas de piano, Jamie escolheu aprender a tocar gaita de foles. *Ele* praticava de forma diligente, gerando um fluxo constante de som que sugeria uma procissão de gatos e gansos sendo estrangulados de forma metódica no cômodo acima da garagem. Ao longo de semanas e meses, a dissonância lentamente se transformou em algo suportável e, finalmente, belo. Ele tinha passado sete anos com a nossa mãe antes de ela ficar doente. Em algum momento durante aquele período, deve ter compreendido algo que eu não consegui: o futuro bate à sua porta, não importa se você está preparado para ele ou não.

Minha mãe sobreviveu por um segundo ano após a previsão dos médicos, e ainda ganhou mais um.

Ela continuava a ler para nós à noite: *Dealing with Dragons, Wise Child, Five Children and It*. Enquanto ouvíamos, nos retorcíamos e fazíamos guerra de travesseiros; meu pai se recostava aos pés da cama, cortando uma maçã e entregando as fatias doces para a gente. Quando eu tinha nove anos, meu livro favorito era *A Bússola de Ouro*, de Philip Pullman, que contava a história de uma menina chamada Lyra, um pouco mais velha do que eu e muito mais corajosa. O que eu mais adorava na história era que Lyra crescera acreditando que os pais tinham morrido, até descobrir, aos onze anos, que eles estavam vivos. Fiquei devastada quando minha mãe leu a última frase e fechou o livro.

Jamie foi autorizado a ler a sequência, *A Faca Sutil*, mas minha mãe não me deixou ler, dizendo que era assustador demais.

— Leio para você quando for mais velha — disse ela. — Quando fizer dez anos.

Assim como oito era a idade certa para ir à escola com uma colega e treze para furar a orelha, dez anos era a idade certa para ler o livro assustador.

No entanto, naquele outono, quando eu ainda tinha nove anos, a visão dela começou a ficar fraca. Ela precisava da minha ajuda para colocar linha na agulha de bordado. Ela comprou óculos com lupas que faziam com que parecesse prestes a realizar uma cirurgia. Novas tomografias mostraram que o câncer tinha se espalhado para o cérebro.

O procedimento para tratar o tumor cerebral exigia prender um halo de metal ao crânio de minha mãe para manter sua cabeça imóvel. Os buracos foram feitos um pouco acima da ponta das sobrancelhas, onde o osso era mais espesso. Os médicos conseguiram fazer o tumor retroceder, mas os danos à visão foram irreversíveis. No inverno, a cama hospitalar reapareceu, dessa vez no quarto lá em cima.

Depois que ela voltou do hospital, um pequeno grupo do coral da escola de ensino médio cantou para ela: dois garotos de smoking e duas meninas com blusa de veludo, saia de seda e colar de pérolas. Entraram na cozinha, cantaram, e minha mãe parou o que estava fazendo para ouvir. Ela sorriu para eles enquanto passavam o repertório, aplaudiu quando terminaram e ofereceu uma bebida quente antes de eles saírem para o ar frio. Depois que foram embora, ela ficou triste.

— Coitadinhos — murmurou ela. — Devem ter me achado assustadora.

Ela tocou os band-aids redondos que cobriam os buracos nas têmporas, cada um deles manchado com uma bola de sangue.

— É como se eu tivesse chifres — sussurrou ela.

Fiquei olhando para ela. As mudanças na sua aparência foram acontecendo aos poucos, e eu mal as notava. Tentei vê-la pelos olhos de um estranho. O rosto e o corpo estavam inchados por causa do tratamento com esteroides. Ela precisava de um andador. Os cachos finos que cresceram depois da quimioterapia chegavam aos ombros, e entre eles havia duas bandagens também manchadas de sangue.

O cronograma da doença da minha mãe começou a ficar cada vez mais incerto. Comecei a vê-la como uma exceção, um desvio do padrão que ultrapassava os limites da ciência. Continuei acreditando secretamente que ela viveria para sempre, não importando quantas vezes dissessem que era impossível. Em algum momento, diziam, ela ia morrer.

Inventei um jogo sombrio de dar a minha mãe objetivos de sobrevivência. "Você tem que viver até o nosso aniversário", eu dizia, sentada na ponta da cama dela, enquanto ela tentava escrever um cartão ou costurar uma bainha. Depois "até o fim das aulas", e então "até o Natal". Por longos períodos, o declínio da saúde dela foi lento, quase imperceptível. Então, de repente, ela perdia a habilidade de descer a escada ou compreender as regras de um novo jogo. Eu queria marcos concretos, períodos definidos que pudesse contar, sabendo que ela não ia desaparecer.

— Viva até o novo milênio — pedi no início de 1999.

Ela sempre sorria e dizia:

— Vou me esforçar.

Três dias depois da visita do coral, fiz dez anos. Naquela manhã, minha mãe me acordou cedo com uma caixinha pequena de papelão estampada com pássaros coloridos. Preso na fita cor-de-rosa ondulada estava um cartão branco com votos de feliz aniversário. Dentro, sobre um leito de algodão, havia um pequeno broche oval de ametista e ouro. Abaixo do *Feliz aniversário*, lia-se *p. 16*. Olhei para ela.

Ela me entregou um caderno de desenho espiralado. Era preto, com uma imagem de duas peras vermelhas na capa. Fui até a página 16, na qual encontrei uma foto do broche que eu segurava.

Fui tomada por um estranho sentimento de irrealidade, de duas coisas sobrepostas que nunca deveriam se tocar. Esse foi um dos primeiros presentes que minha mãe preparou na mesa de jantar. Eu estava sentada ao lado dela, lendo as palavras que ela queria que eu lesse depois de sua morte. Esse era o futuro. Nós cruzamos aquele limiar e alcançamos a versão mais velha de nós mesmas que estávamos buscando. Eu agora era a garota de dez anos que ela tinha imaginado quando embrulhara o broche de ametista e colara a foto no caderno, e ela era tanto a voz no caderno quanto a mulher de carne e osso ao meu lado. Ainda assim, nenhuma de nós sabia o que ia acontecer em seguida. Não fui de broche para a escola. Não conseguia me imaginar usando-o quando ainda estava no quarto ano.

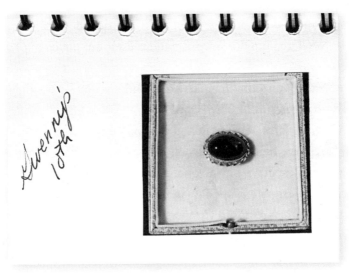

Aniversário de 10 anos da Gwenny.

Este broche de ametista foi um presente de Natal ou de aniversário que ganhei da vovó Liz. Eu tinha brincos de pressão combinando e pedi que vovó os convertesse para orelhas furadas. Ela os levou para a loja para que fizessem isso, mas se esqueceu completamente de ir buscar, e nunca mais os vimos.

Beijos, mamãe

Naquela tarde, minha mãe me levou para furar as orelhas, três anos antes do previsto. No shopping local, escolhi um par de brinquinhos com cristal branco. Eu me sentei na grande cadeira reclinável enquanto duas vendedoras, cada uma segurando uma pequena pistola de plástico, se posicionavam uma em cada lado. Minha mãe se sentou diante de mim e segurou minhas mãos. Contamos até três.

Fiquei olhando para minha imagem no espelho iluminado enquanto ela pagava pelos brincos de cristal e um outro par de coraçõezinhos dourados que eu poderia usar quando o furo cicatrizasse. Notei que um dos brincos parecia estar um pouco mais alto que o outro.

— Não — disse minha mãe, estreitando os olhos para analisar. — Estão na mesma altura.

As vendedoras reforçaram que eu precisava girar os brincos todos os dias e limpar com álcool.

Meu pai esperava por nós no estacionamento e abriu a porta do carro. Eu estava entrando quando minha mãe parou de repente. Ela segurou meu rosto e o virou de um lado para o outro, sob o sol de inverno.

— Você está certa — disse ela, por fim. — Está torto mesmo.

Voltamos para refazer o furo da orelha esquerda. Perguntei o que eu deveria fazer com o primeiro furo.

— Vai sumir — disse uma das mulheres. — Os furos fecham rapidinho quando não tem nada para mantê-los abertos.

Nos meses seguintes, minha mãe começou a sentir cada vez mais vergonha da própria aparência. Às vezes ela fazia piadas. Jamie era um adolescente agora, alto e magro, com uma nova vida social. Um dia no café da manhã ele fez algum comentário ácido sobre nossos pais o envergonharem, e nossa mãe se virou lentamente com o andador para encará-lo e disse devagar, em tom ameaçador:

— Vou colocar a roupa mais velha e larga que eu tiver e bagunçar minhas sobrancelhas. — Ela as franziu para combinarem com as palavras e parecerem lagartas assustadoras. — E pintar meus dentes da frente de preto. Então vou aparecer na sua escola e dizer pra todo mundo que sou sua mãe!

Caí na gargalhada.

— Às vezes, Jamie — disse ela —, conversar com você é como sair em um dia nublado.

Logo depois, porém, ela me perguntou se eu preferia que ela parasse de ir aos meus jogos de basquete. Demorei a entender o motivo da pergunta.

— Não vou ficar magoada — disse ela.

Falei que queria que ela continuasse indo.

Teve uma tarde que a Sandy, prima da minha mãe, foi buscá-la para passar um dia no spa. Ela recebeu uma massagem e tratamento para a pele, e, por fim, a maquiaram e escovaram seu cabelo. Ela voltou para casa decepcionada.

— Não sei o que eu esperava — disse ela. — Acho que pensei que voltaria a ter a aparência de antes.

O cabelo escovado estava lustroso, mas sem volume, o que enfatizava o rosto redondo por causa dos esteroides. Ela estava inchada e com a pele esticada.

No verão depois que o câncer se espalhou, minha mãe incentivou Jamie e eu a fazermos scrapbooks para registrar nossa infância. Passando por pilhas de fotos antigas, eu e ele pegamos fotografias da nossa mãe quando era adolescente ou quando tinha vinte e poucos anos, antes de nascermos.

— Mãe, você era tão linda!

Ela pegou a foto por um instante.

— Eu era mesmo. Gostaria de ter percebido na época.

Certo dia, quando eu tinha dez anos, estava passando pela porta do quarto da minha mãe e ouvi um burburinho de vozes lá dentro. A porta estava entreaberta e, pela fresta, vi minha mãe nua no meio do cômodo. Ao lado dela, Sobonfu segurava um recipiente de vidro cheio do que parecia ser borra de café. Enquanto eu observava, Sobonfu mergulhou os dedos no recipiente e os passou lentamente na pele da minha mãe, fazendo desenhos no peito, nos ombros e nas costas. Eu não via minha mãe pelada desde que era pequena e tomávamos banho juntas. Vi a protuberância da vértebra que ela fraturara, as linhas rosadas e lustrosas das cicatrizes cirúrgicas. O toque cuidadoso de Sobonfu era muito diferente da precisão clínica que eu notava nas mãos enluvadas dos médicos da minha mãe. Era um tipo de ternura que eu só tinha visto ser oferecido a crianças.

Quando me aproximei, a porta do quarto rangeu alto e as duas se viraram para me olhar. Dei um passo para trás e esperei que a expressão delas indicasse o significado daquilo, se eu deveria ficar envergonhada pelo que tinha visto. Por um momento, pareceu que elas se comunicavam em silêncio. Sobonfu sorriu e minha mãe estendeu os braços para mim. Entrei no quarto e Sobonfu me entregou o recipiente. Pelo cheiro, percebi que estava cheio de cinzas que haviam sido misturadas com água, resultando em uma mistura com consistência de tinta rala. Mergulhei os dedos no recipiente, e, juntas, Sobonfu e eu traçamos linhas na pele da minha mãe.

Não perguntei o significado do ritual. Tudo que observei em Sobonfu no decorrer dos anos me dizia que nosso toque tinha a intenção de curar, de trazer equilíbrio para o caos que havia se instaurado. Tentei concentrar todas as energias na ponta dos dedos, desejando poder alcançar sua enfermidade e arrancá-la. Minha mãe fechou os olhos, como se quisesse absorver melhor o nosso toque. Pintei círculos e linhas, copiando os padrões de Sobonfu e, depois, criando os meus. Sobonfu não deu sugestões nem fez correções. Ela disse que não havia certo ou errado ali.

No verão depois do quarto ano, meu pai anunciou que levaria Jamie e eu para visitar a família dele na Inglaterra. Fiquei muito animada, porque eu não via meus primos ingleses havia anos. Minha mãe me ensinou a fazer a minha mala, uma antiga, marrom, com um cadeado de combinação e uma pequena alça de couro. Ela enrolou as minhas meias e calcinhas e as colocou dentro do sapato para ajudar a manter a forma deles. Depois, colocou meus vestidos esticados no fundo, sem dobrar, foi colocando todo o resto sobre eles e, por fim, dobrou as pontas por cima de tudo para não amarrotar. Eu tinha uma capa de couro vermelho destinada especialmente para o meu passaporte. Meu pai me lembrou que, enquanto estivéssemos no Reino Unido, eu tinha que falar "loo" quando quisesse ir ao banheiro, em vez de "toilet" ou "restroom". Na véspera da viagem, ele me obrigou a praticar reverências na frente do espelho para o caso de encontrarmos a rainha.

Minha mãe estava se exercitando na piscina quando colocamos as malas no carro antes de partirmos para o aeroporto. Ela caminhava na água usando seu maiô roxo, apoiada em um macarrão de isopor. O cabelo estava preso no alto da cabeça. Uma mulher da agência de cuidadores estava sentada na borda. Ela ficaria com minha mãe enquanto estivéssemos fora.

— Tchau, querida — disse minha mãe em tom alegre, dentro da piscina.

Fiquei parada nos degraus de concreto, usando meu moletom cinza da Gap, carregando uma mochila cheia de lanchinhos para o voo. Até aquele momento, eu não tinha me dado conta da gravidade de abandoná-la.

Pensei nela saindo da piscina depois de partirmos, segurando firme no andador, e entrando na casa vazia. Pensei nela jantando com a cuidadora na bancada da cozinha ou no seu quarto. Pensei nela acordando de manhã, com o dia inteiro pela frente. De repente, não consegui entender como nós tínhamos decidido que não havia problema em deixá-la ali. Ela sorriu para mim do azul da água. A culpa pesou sobre os meus ombros. Eu queria correr e alcançá-la no meio de todo aquele azul, mas as malas estavam no carro, e meu pai e Jamie estavam esperando.

Fiquei mais um pouco na beirada da piscina, esperando que ela fizesse perguntas que me permitissem revelar o quanto estava me sentindo mal. Mas ela só ficou ali, boiando, sorrindo e acenando um tchau.

Durante todo o trajeto para o aeroporto, senti meus olhos marejados e, depois que passamos pela segurança, as lágrimas começaram a cair. Em um café, chorei até quase passar mal. Disse para o meu pai que não queria mais ir para a Inglaterra. Tarde demais, explicou ele, dizendo que eu me sentiria melhor quando estivéssemos no avião. Meu pai me deu o celular dele para ligar para casa.

— Eu te amo, mãe — falei, chorando e segurando o Motorola preto.

— Também te amo, filha — respondeu minha mãe em tom alegre. — Vocês vão se divertir muito!

O voo do Aeroporto Internacional de São Francisco até o Aeroporto de Londres Gatwick durava dez horas. Chorei, dormi e chorei um pouco mais.

Passamos duas semanas no Reino Unido. Visitei meu avô e brinquei com meus primos. Fomos à Torre de Londres e alimentamos os pássaros da Catedral de São Paulo, mas jurei para mim mesma que, quando voltasse para casa, nunca mais abandonaria minha mãe daquele jeito.

A cadeira de rodas tornou nosso mundo menor. Limites e obstáculos, outrora invisíveis, agora se materializavam por todos os lugares. Alugamos uma van com elevador hidráulico para minha mãe. No início, eu queria empurrá-la para todos os lados, mas era muito ruim em manobrar pelos cantos e acabava batendo os dedos dos pés dela na parede. Jamie era melhor. Ele era cuidadoso, meticuloso e mais forte. Ele a levava sem problemas pelo corredor, baixando a cabeça para conversar com ela.

Ela passava a maior parte do tempo na cama, o que era difícil para seu corpo. A pressão constante dos cobertores nos dedos dos pés fez as unhas encravarem, então fizemos uma gaiola de metal para proteger os pés dela embaixo das cobertas. O corpo dela também precisava ser movido regularmente para evitar escaras. Ela mantinha fotos dos bebês das suas meias-irmãs mais novas grudadas na grade de metal da cama para poder olhá-las enquanto ficava deitada de lado por algumas horas.

As cuidadoras vinham diariamente para ficar com ela, ajudá-la a sair da cama para a cadeira e voltar para cama, e para medicá-la. Um amigo da família era o dono da agência de cuidadores, e eu comecei a trabalhar lá depois da escola, arquivando documentos e preenchendo formulários em uma pequena máquina de escrever elétrica, para receber um dinheiro extra. Eu amava o barulho da máquina de escrever; cada tecla pressionada parecia importante. Às vezes, eu atendia o telefone. As pessoas que ligavam talvez se surpreendessem ao ouvir a voz de uma garota de dez anos no outro lado da linha, mas eu falava o nome da agência de forma clara e perguntava como poderia ajudar. Eu tinha muita prática. Minha mãe ficava louca da vida quando os pais permitiam que os filhos atendessem o telefone, fazendo a pessoa que ligou perder tempo. Então sempre atendi o telefone de casa dizendo rapidamente: "Alô, aqui é Gwenny Kingston. Quem fala?" Era bem comum que a pessoa tivesse ligado para falar com a "sra. Mallard". O sobrenome da minha mãe era Mailliard (pronuncia-se "maiard"), e ela determinou que quem não soubesse pronunciar o seu nome perdia o direito de falar com ela.

Cada vez que os médicos da minha mãe previam que o fim estava próximo, uma enxurrada de amigos e parentes aparecia na nossa casa, cada um esperando ter mais uma conversa, uma nova lembrança ou dar um último abraço. Eu amava quando nossa casa ficava cheia, mesmo sabendo por que as pessoas estavam lá. Eu amava chegar da escola e ficar à espreita para ouvir um pouco a conversa dos adultos. Jamie costumava ir para o quarto, mas eu ficava vagando por lá. Eu era bem-vinda nos grupos. As pessoas pousavam as mãos nos meus ombros ou na minha cabeça, ou me pegavam no colo. Aonde quer que eu fosse, me sentia amada e querida. Era como se a própria casa, que eu amava como se fosse uma pessoa, tivesse ganhado vida, vozes transbordando das paredes, corpos florescendo entre os móveis. Eu gostaria que as pessoas ficassem ali para sempre, pois assim nunca mais me sentiria sozinha.

Todo dia, quando voltava da escola, havia pelo menos cinco ou seis pessoas sentadas em cadeiras ao redor da cama da minha mãe, descendo e subindo a escada para pegar chá, livros e pedras de gelo. Eu me sentava na escada sabendo que todo mundo teria que passar por mim e me perguntar sobre o meu dia ou deslizar os dedos pelo meu cabelo. Eu queria falar com todos, mas me mantinha longe do quarto da minha mãe enquanto estavam lá, porque lá dentro todo mundo ficava chorando. Do meu lugar na escada, eu as via sair com os olhos inchados. Um dia, vi uma das meias-irmãs da minha mãe, que tinha atravessado o país para vê-la, sair rápido pela porta, vestindo macacão preto e meias brancas, e enterrar o rosto nas mãos, enquanto o cabelo escuro caía para a frente.

Depois que ela saiu, fui até o quarto da minha mãe e me deitei na cama com ela. Ficamos juntinhas, conversando sobre a escola, as minhas amizades e os livros que eu estava lendo. Olhando para o teto, notei algumas aranhas de pernas compridas reunidas em um dos cantos.

— Eca! Melhor eu pegar o inseticida.

— Não precisa — disse minha mãe. — Já até dei nome a elas. Aquela é o George, e a outra é o Alan.

Olhei para elas. Uma tinha prendido uma drosófila em uma teia invisível. Por um momento, tive um ligeiro vislumbre de como minha mãe devia estar entediada. A visão ruim não lhe permitia ler nem costurar. Ela pegava audiolivros em fitas cassete na biblioteca, e às vezes me emprestava. Sempre adorei ouvir histórias.

Ela sentia falta de estar ao ar livre, e, quando o tempo estava bom, pedia que alguém abrisse as portas duplas que davam para uma pequena sacada de madeira com vista para o jardim dos fundos. Assim ela podia ouvir os sons, sentir os cheiros e a brisa que entrava. De vez em quando, um gafanhoto-verde encontrava um jeito de passar pelas telas, e ela considerava isso muita sorte. Ela adorava a forma como ficavam parados e como dobravam as asas para parecerem uma folha. Sempre que encontrava um, eu o pegava com cuidado e o levava para ela. Um pouco de frescor do mundo lá fora. Em seguida o transportava até a varanda e abria a mão, esperando que ele saltasse.

N a manhã do meu aniversário de onze anos, levantei da cama e fui direto para o quarto da minha mãe. Ela já estava acordada. Sobre a bandejinha retrátil da cama de hospital, havia uma caixinha embrulhada, junto com o caderno de desenho preto. Nós nos demos feliz aniversário. Ela estava completando quarenta e oito anos.

Dentro da caixinha havia um pequeno broche retangular de esmalte azul e branco que mostrava um horizonte aquático quebrado por ondas, um pequeno veleiro e um moinho de vento.

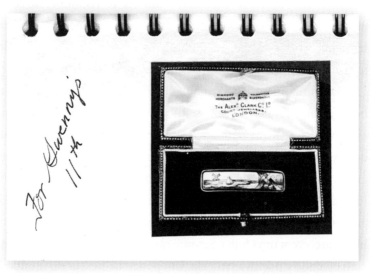

Para o aniversário de 11 anos da Gwenny.

Não sei por que este broche me chamou tanto a atenção. Eu o vi em uma feira de antiguidades em Fairgrounds. Achei que azul e branco combinam com você, e acho legal que ele parece contar uma história.

Assim como o broche de ametista do ano anterior, eu gostei, mas não conseguia me imaginar usando. As meninas da minha idade usavam colares finos e brincos pequenos e, às vezes, pulseiras de amizade, mas não usavam joias verdadeiras ou valiosas, e ninguém usava broche. Eu me imaginei prendendo-o no meu moletom cinza e indo para o recreio. No quinto ano, eu estava treinando espirobol. Conseguia passar por cinco ou seis oponentes antes de perder, quando seguia de novo para o fim da fila. Imaginei a bola amarela girando na minha direção e quebrando o broche com o veleiro e o moinho de vento, o broche caindo no chão e sendo pisoteado por alguém.

Passando os dedos sobre o esmalte, falei:

— Talvez a gente pudesse combinar de pensar uma na outra todos os anos no nosso aniversário, não importa onde a gente esteja.

— Que horas? — perguntou ela.

Olhei no relógio.

— Oito da manhã?

— Combinado.

No outono, minha mãe passou a dormir por períodos cada vez mais longos. Ela não gritava mais para me cumprimentar quando eu chegava da escola. E, quando eu ia para o quarto dela e me sentava à cabeceira da cama para falar sem parar, ela em geral parecia grogue e confusa. Depois de um tempo, eu passei a enfiar o rosto por uma fresta e dar oi antes de ir para o meu quarto fazer o dever de casa ou telefonar para meus amigos. Uma noite, sentada no deque dos fundos aproveitando o pôr do sol, meu pai perguntou se havia alguma coisa que eu queria falar para ela, enquanto ela ainda podia me ouvir.

— Se tem alguma coisa que você não disse, este seria um bom momento.

Pensei no assunto por um instante.

— Quero que ela saiba que eu sinto muito por todas as vezes que ela queria que a gente fizesse alguma coisa juntas e eu disse não por estar fazendo outra coisa. Eu me sinto culpada por isso.

— Acho que é uma coisa boa para dizer. Ela provavelmente tem arrependimentos também. Vocês podem conversar sobre isso.

Mais tarde naquela noite, fui ao quarto dela.

— Oi, meu amor — disse ela com a voz arrastada, sonolenta.

— Mãe — comecei —, você já se sentiu culpada pelas coisas que deixamos de fazer juntas?

— N-não — respondeu ela, esforçando-se para manter o foco no meu rosto. O queixo estava frouxo e a língua parecia pesada.

— Não, porque eu s-sei que... — Ela respirou fundo para tomar fôlego e conseguir dizer as palavras seguintes: — ...fiz o meu melhor.

Ela fechou os olhos de novo. Olhei para ela, com a camiseta extragrande, os tubos presos aos braços. Eu conseguia sentir o cheiro residual dos lenços umedecidos utilizados para limpá-la depois que ela usava o penico. Notei que a minha abordagem tinha sido péssima. Queria que ela acordasse para que eu fizesse as perguntas certas. Eu deveria ter dito que sabia que ela tinha feito o seu melhor, muito melhor que qualquer um faria. Deveria ter dito que me sentia o tempo todo culpada pelas horas que passava longe dela, por todas as vezes que *quis* ficar longe dela e daquela tristeza horrível e chocante que enchia o aposento onde ela estava lentamente partindo. Deveria ter dito que a minha maior culpa era que parte de mim desejava que tudo aquilo finalmente chegasse ao fim, para poder começar a me lembrar dela do jeito que ela era, em vez do jeito como estava agora. Mas os olhos dela continuaram fechados.

No ano anterior, como prometido, minha mãe tinha me deixado ler *A Faca Sutil*, e finalmente descobri o que ela achara tão assustador no livro. Na sequência de *A Bússola de Ouro*, Lyra faz uma jornada para outro mundo repleto de criaturas chamadas Specters, que se alimentam da consciência humana, tirando de suas vítimas todo o interesse, curiosidade e vontade de viver. Mas eles não podem fazer mal a crianças, só a adultos. Em uma cena, um homem e o filho jovem estão passando por um rio na tentativa de fugir de um bando de Specters, mas as criaturas os capturam. Eles consomem a alma do homem, deixando o corpo dele em pé no rio. O filho começa a ter dificuldades nas águas profundas. Ele grita ao pai por socorro, mas o homem fica parado lá, observando o filho se afogar, indiferente e inalcançável. Esse era o medo da minha mãe.

Naquele outono, *A Luneta Âmbar*, o último livro da trilogia, chegou às livrarias. Era um tijolão de quinhentas páginas, o dobro do tamanho dos livros anteriores, mas Jamie e eu o devoramos em questão de dias. Minha mãe então pediu que Jamie lesse a história para ela para que soubesse o que acontecia.

Nos dias que se seguiram, Jamie voltava da escola e se sentava à cabeceira da cama para ler para ela. Ele não fazia as vozes dos diferentes personagens, como ela fazia, mas lia cada palavra de forma clara na voz que agora estava mais grossa, derramando a história nos ouvidos dela. Ele leu as aventuras de Lyra em outros mundos, com bruxas, cientistas e ursos armados. Às vezes eu passava por lá e ouvia alguns parágrafos, mas, naquele cômodo, sentia alguma coisa se passando entre minha mãe e seu primogênito, um relacionamento que tinha começado antes de eu existir, um vínculo mais antigo. Ele chegou à metade do livro antes de ela pedir que ele parasse, dizendo que não conseguia mais acompanhar a história. Ela ficava ansiosa quando perdia o fio da meada e precisava pedir que ele voltasse e relesse várias vezes. Ela parecia estar indo para um lugar no qual as palavras não podiam alcançá-la.

Era quarta-feira, e eu tinha terapia com a Judy naquela tarde. Já tinha quase doze anos e havia deixado para trás a época da sala de brinquedos, então nossas consultas aconteciam na sala ao lado, onde ela conversava com os adultos. Judy se sentou em uma poltrona, e eu, no sofá. Minha mãe já estava dormindo havia dias, com uma cânula de oxigênio encaixada no nariz.

— Será que ela vai acordar? — perguntei.

— Não sei. É isso que acontece perto do fim. Eles dormem cada vez mais.

Assenti. As mulheres da clínica de cuidados paliativos disseram a mesma coisa. Eu me sentia estranhamente anestesiada, minha energia emocional drenada por toda aquela espera. Por muitos anos senti medo de que minha mãe morresse de forma repentina, enquanto eu estivesse na escola, dormindo na casa de uma amiga ou em uma viagem. Eu tinha a impressão de ter passado a vida inteira em casa, tomando conta dela. Mas nunca imaginei que a morte poderia ser assim, tão lenta e entediante.

Chovia enquanto meu pai estava me levando de carro para casa. Estávamos sozinhos porque Jamie tinha parado com a terapia alguns anos antes, mas eu gostava daquela rotina, do sofá, da tranquilidade. Às vezes, só conversávamos sobre amigos ou dever de casa, mas gostava de saber que podia contar qualquer coisa para Judy.

Quando chegamos em casa, fui para o quarto ver minha mãe. Ela parecia exatamente igual aos dias anteriores. Antoinette, Sobonfu e Sandy estavam ao redor da cama. Tio Ward estava na Índia, onde passava alguns meses por ano, e nós ligamos para ele para dizer que ela parecia prestes a partir. Ele comprou uma passagem para retornar antes do previsto, mas ainda não tinha voltado. Alguém segurou o telefone no ouvido da minha mãe enquanto ele falava com ela a milhares de quilômetros de distância.

— Estou indo — disse ele. — Mas tudo bem se você não puder me esperar.

Depois de cumprimentar todas as visitas, desci para procurar Jamie, que estava jogando no computador.

Nossa mãe tinha perguntado, anos antes, se íamos querer estar no quarto quando ela morresse.

— A decisão é totalmente de vocês. Vocês decidem o que querem, e vamos tentar fazer acontecer. E vocês podem mudar de ideia até o último segundo.

Jamie e eu não conversávamos sobre a doença da nossa mãe. Não conseguíamos encontrar um jeito de fazer isso. Só falávamos sobre o assunto com os adultos que nos ajudavam, orientando a conversa e nos ensinando a nomear os sentimentos. Mas, separadamente, cada um de nós disse para nossa mãe que, sim, queria estar no quarto quando ela morresse.

Naquela noite, porém, Jamie e eu estávamos lá embaixo, olhando para uma tela de computador. Sempre imaginei que, quando finalmente acontecesse, eu ia saber. Eu sentiria alguma coisa, uma porta na minha mente se abriria ou se fecharia, ou haveria alguma mudança na luz. Mas não notei nada. Jamie continuou jogando e eu continuei o encorajando, até nosso pai descer e dizer que essa parte da nossa vida tinha chegado ao fim. Mais tarde naquela noite, depois de ver o corpo da nossa mãe, Jamie juntou todos os jogos de computador e os atirou pela porta dos fundos em meio à chuva.

Minha mãe queria ser cremada, e o saco plástico transparente contendo suas cinzas veio junto com uma outra sacola cheia de itens de metal que os técnicos separaram dos restos mortais com um ímã: parafusos longos e rebites de aço usados para remendar o corpo dela.

Ela desejava que as cinzas fossem enterradas na parte antiga do cemitério rural que ficava no fim da nossa rua. Mas aquela parte, com suas maravilhosas árvores retorcidas e luzes coloridas, não tinha mais jazigos disponíveis. Ela conversou com a gente sobre outros lugares nos quais poderíamos espalhar suas cinzas: no Oceano Pacífico, no rancho da família dela em Mendocino County, onde havia sequoias, ou no nosso jardim dos fundos. Só que nenhum lugar parecia adequado. Foi quando o oncologista da minha mãe, dr. Richardson, soube que ela queria um lugar no cemitério. A família dele tinha um jazigo lá, com um lugar reservado para ele. Ele o cedeu para ela.

A lápide que meu pai encomendou era de granito rosa, um prisma simples com cantos arredondados. Jamie desenhou um nó celta no alto da pedra. A parte da frente continha apenas o nome dela e suas datas de nascimento e morte. Na parte de trás estava escrito: *Mãe de Jamie e Gwenny*.

Dez anos depois, vi dr. Richardson em um funeral e agradeci por ele ter cedido seu lugar no cemitério, dizendo a ele o quanto significou para mim poder visitá-la ao longo dos anos.

— Eu já te contei como sua mãe me pediu o jazigo? — perguntou ele.

— Não — respondi.

— Bem. — Ele ajeitou a gravata-borboleta. — Ela disse que queria ser enterrada naquele local porque quando era pequena brincava ali, e se lembrava de fazer xixi atrás das lápides. — Ele caiu na risada, com os ombros balançando e os olhos marejados. — Como se diz não para uma coisa dessas?

Estava chovendo no dia da cerimônia de despedida, e o evento continua embaçado em minha memória, como se tivesse sido deixado ao relento. Meu pai está completamente ausente, como se não tivesse comparecido. Minha mãe foi cercada por tanta gente nos últimos anos que meu pai acabou ficando perdido no fundo, e, depois da morte dela, aquelas mesmas pessoas se apressaram para me cercar. A cerimônia aconteceu em uma propriedade perto de Calistoga que costumava ser alugada para casamentos e retiros. Usei um vestido de veludo azul, e estava com tosse. Quando chegamos, Sobonfu, usando uma capa de chuva amarela, orientava a construção de um arco com galhos de salgueiro e flores frescas diante da entrada de uma grande tenda.

Por causa da tosse, tive dificuldade de manter silêncio enquanto os outros falavam. Eu me lembro de um dos médicos da minha mãe subindo ao púlpito e comparando minha mãe ao capitão Kirk da série *Jornada nas Estrelas* original.

— Eu me sentia um tripulante sob seu comando. O meu trabalho era explorar e encontrar novas tecnologias.

Ele falou da disposição dela em assumir riscos, tentar novos tratamentos e tolerar a dor e o desconforto.

— Quando me deparava com algo promissor, eu ligava para ela e dizia: "Kristina, tenho cristais de dilítio para você!", e ela respondia: "Me teletransporte, Scotty!"

Não consigo me lembrar de nenhum outro discurso, mas, no fim, Jamie se levantou e tocou a gaita de fole. Ele foi à frente do salão, encaixou o fole na cintura, mas, em vez de colocar o soprete na boca, foi até o púlpito e se aproximou do microfone. Ninguém esperava que eu e ele disséssemos alguma coisa, muito menos ele, o introvertido. Ele falou não porque era esperado, mas porque queria. A voz dele saiu firme, e eu senti todos se inclinarem em direção a ele.

— Só quero dizer que... todos que estão aqui hoje... refletem a pessoa que ela era.

Olhei para o meu irmão, beirando os dezesseis anos e tão alto. Senti uma súbita e enorme onda de orgulho dele. A fala de Jamie foi breve, apenas algumas palavras, mas as pessoas ficaram hipnotizadas. O salão transbordou de gratidão, como se ele tivesse acabado de responder a uma pergunta silenciosa que pairava: se ficaríamos bem. Ele levou o soprete aos lábios, encheu o fole de ar com um sopro e tocou as primeiras notas de "Amazing Grace".

Todos os dias depois da escola, nos meses que se seguiram à morte da minha mãe, eu entrava pela porta dos fundos, preparava um lanche e ia para o quarto dela. Atrás da porta branca, o quarto tinha retrocedido ao passado. Tudo tinha voltado a ser como era nos anos antes de ela ficar presa a um leito de hospital. A cama de carvalho com cabeceira entalhada tinha voltado ao lugar. O quarto era ensolarado e cheio de paz. Ainda tinha o cheiro dela, como se ela tivesse acabado de sair dali.

Sentada na cama ou na cadeira reclinável bege, eu apoiava o prato nos joelhos e assistia à televisão branca de doze polegadas que ficava em uma das estantes de livros sob as janelas. Minha mãe só me deixava assistir ao canal PBS, mas meu pai não se importava. Eu costumava passar a tarde inteira no quarto dela assistindo à TV, e depois ia para o meu quarto fazer o dever de casa, espalhando os livros no chão.

Nas quartas-feiras, às dez da noite, sintonizava na UPN para ver mais um episódio de *Voyager*. Esperava o episódio final com um misto de animação e tristeza. Não queria que a série terminasse, mas queria ver a tripulação chegando em casa. No último episódio, que foi ao ar no final de maio, a capitã Janeway encontrou uma forma de levar a nave de volta à Terra com uma viagem no tempo.

Depois disso, por meses a fio sonhei que a capitã Janeway era minha mãe, ou melhor, que minha mãe era a capitã Janeway: ainda lá fora, em algum ponto do universo, viajando em uma linha do tempo alternativa. Só que, se minha mãe tivesse descoberto a viagem no tempo, eu tinha certeza de que seu destino teria sido o futuro.

PARTE DOIS

Era um dia quente de julho. Eu estava com doze anos, e minha mãe tinha falecido havia cinco meses. Durante a tarde, uma dor fria tinha começado a se formar em algum lugar na minha barriga. Parecia a sensação que eu tinha quando meu pai aproximava a mão da minha boca para arrancar um dente mole. Não contei para ele sobre essa nova dor. Em vez disso, fechei a porta do meu quarto e fui até o meu baú de papelão.

Nos meses que se seguiram desde o meu aniversário, o baú ficou ao lado do banco abaixo da janela, onde eu conseguia vê-lo todas as manhãs, ainda deitada na cama. A simples presença dele me acalmava e me frustrava. Depois da leve empolgação de desembrulhar o anel de ametista e ler as palavras da minha mãe, fui atingida pela dura realidade de que teria que esperar um ano inteiro para ler a mensagem seguinte. Nunca fui boa em esperar. Após a morte dela, um ano voltou a parecer um longo tempo. Então, fiquei feliz de ter um motivo para abrir a caixa arredondada mais uma vez, mesmo que a dor na minha barriga estivesse aumentando em um latejar constante.

A carta com o título *Primeira menstruação de Gwenny* veio em um envelope fechado com um botão de papelão e um fio dourado comprido. O envelope era grosso no meio e, quando virei seu conteúdo em cima do meu tapete, vi junto da carta uma fita cassete cinza em um estojo de plástico transparente.

Quando eu era bem pequena e não conseguia dormir, minha mãe colocava uma fita no aparelho de som perto da minha cama para uma voz me contar uma história até eu dormir. Com o passar dos anos, as prateleiras do meu quarto ficaram cheias de estojos reluzentes, não só com audiolivros infantis, mas também com séries de fantasia e de mistério. Quase todas as noites, fui dormir ouvindo uma voz lendo uma história. É a coisa mais reconfortante do mundo.

Coloquei a fita no aparelho de som e apertei o play. Depois de alguns segundos de silêncio, a voz da minha mãe começou a soar pelo alto-falante. Olhei para a carta e acompanhei, amassando as páginas nas mãos, enquanto ela lia para mim.

Querida Gwenny,

A sua primeira menstruação! Como eu queria compartilhar isso com você. Queria compartilhar seu orgulho e sua animação com essa maravilhosa transição de criança para mocinha.

Eu fiquei menstruada pela primeira vez aos onze anos, quando estava no sexto ano da Proctor Terrace School. (Fico imaginando como e quando a sua terá chegado.)

Fiquei um pouco preocupada, assustada, animada e sem saber o que fazer. Eu não tinha certeza se a minha primeira menstruação tinha começado mesmo; e se tivesse alguma coisa errada comigo? (Nenhuma das minhas amigas tinha mencionado nada sobre o assunto.) No entanto, eu tive a nítida sensação de que aquilo era um divisor de águas que mudaria a minha vida para sempre.

Quando voltei da escola naquele dia, mostrei minha calcinha para vovó Liz. Ela disse algo do tipo: "Ah, a Maldição. Espere aqui enquanto vou à farmácia e já volto." Ela voltou com absorventes de pano e uma cinta menstrual que se usava antigamente, e então disse: "Você sabe para que isso serve." Ela me entregou tudo, e esse foi o meu primeiro passo na vida como uma jovem mulher.

Eu queria muito lhe dar uma perspectiva diferente, porque, para mim, a primeira menstruação significa a possibilidade de você trazer a sua própria Gwenny ou o seu Jamie ao mundo. Que alegria! Este é o início da sua vida na comunidade de mulheres. Queria muito estar aí com você e dizer como estou orgulhosa e como celebro a sua feminilidade e o aprofundamento do seu senso de si mesma.

Ao ouvir a palavra "absorventes", dei uma pausa na fita e fui ao meu armário. Abrindo a cortina de roupas penduradas, enfiei a mão bem no fundo e peguei um pacote de absorventes grandes.

— Para você estar preparada — dissera minha mãe, anos antes, quando o guardara na prateleira.

Ela tinha pensado em tudo.

Abracei o pacote branco e roxo. Eram do tipo com abas.

Eu esperava estar aí com você como uma aliada nessa experiência incrível e complexa que se chama crescer. Mas aqui está você, enfrentando esta importante mudança sem mim.

Perder a mãe tão cedo pode fazer com que você duvide de si mesma, do seu direito à felicidade e ao amor, à vida e a um futuro. Por favor, não se apegue a essas dúvidas. Você tem todo o direito de ter a melhor vida que conseguir construir.

Minha maior esperança é que você, por ter sido tão amada na infância, seja capaz de escolher amigos e companheiros que a amem pelo que você é. Que você saberá como se dar de presente uma vida mais feliz, mais gentil, mais amorosa e com mais apoio do que eu consegui dar a mim mesma. Fui criada por pais que não sabiam como expressar o amor que sentiam por mim porque também não tinham recebido isso quando eram crianças. Então, eu não sabia como me dar uma vida cheia de amor-próprio e autocuidado. Rezo para que, mesmo que eu não tenha conseguido ficar com você por tempo suficiente, eu tenha conseguido, de alguma forma, ajudá-la a se sentir amada e valorizada no tempo que tivemos juntas, para que saiba que você merece ser amada e protegida quando for adulta, e que você, por sua vez, vai conseguir expressar livremente o seu amor e o seu carinho pelos outros.

Escolhi este anel para você celebrar sua menarca, ou sua primeira menstruação. Para mim, isso representa a inocência da sua mocidade e o florescimento da sua vida como mulher.

Preso a dois furos no canto da página, um laço de fita cor-de-rosa de cetim segurava um anel delicado de ouro com algumas pérolas circundando uma pequena turquesa para formar uma flor.

Com o início da minha menstruação, chegaram também os primeiros sentimentos românticos. Os Beatles tinham acabado de chegar aos Estados Unidos, vindos da Inglaterra, para uma turnê. Transferi a maior parte dos meus sentimentos românticos para eles durante o sexto ano. Como as garotas tendem a amadurecer fisicamente mais rápido do que os meninos, eu achava os garotos da minha turma pirralhos, desengonçados e dificilmente dignos de sentimentos românticos.

Mas alguma coisa começa a acontecer nesta idade na qual o desejo por atenção dos meninos costuma fazer as garotas mudarem o próprio comportamento e esquecerem as próprias aspirações. Uma preocupação que algumas garotas têm é a de que se forem inteligentes, competitivas ou atléticas, vão fazer os garotos se sentirem ameaçados e, assim, vão ter menos chances de arrumar um namorado. Gwenny, você tem uma mente maravilhosa.

Por favor, tente se lembrar de que qualquer garoto que precise que você se diminua para gostar de você e se sentir confortável na sua companhia não é um garoto que mereça seus sentimentos. Você até pode procurar por um garoto bem mais velho em busca de um relacionamento especial. Foi o que eu fiz. Mas aí você vai ter que amadurecer rápido demais para atender às expectativas dele.

Acho que estou tentando dizer para você não se deixar levar nos próximos anos. Vai ser difícil encontrar um garoto da sua idade que seja maduro o suficiente para lidar com tudo o que você é capaz de ser e de fazer. Um garoto mais velho a fará entrar no mundo dele, em vez de deixá-la aprender a criar seu próprio mundo, adequado para você.

Você tem uma natureza passional, Gwenny. Se puder, tente usar essa paixão consigo mesma; com os seus interesses e o seu amor por aprender. Não tenha pressa, nem desperdice sua paixão tentando se encaixar em um modelo de como você deve ser para se tornar atraente para um garoto. As garotas estão sempre dispostas a abrir mão de si mesmas pelo desejo de pertencer a alguém. Você pertence a si mesma em primeiro lugar.

Eu sei que pode parecer que virar adulta demora uma eternidade, mas, na verdade, o período que vai do nascimento à vida adulta dura apenas um quarto da sua vida. Passamos os outros três quartos ansiando pela juventude perdida. Aproveite-a enquanto a tem, aproveite cada instante ao máximo. Dedique-se a fazer amizade consigo mesma. Dedique-se a aprender o que lhe interessa, quais são suas opiniões e seus sentimentos. Descubra a sua própria compreensão do mundo e quais valores são os mais importantes para você. Devemos nos tornar nós mesmas, nos tornar seres humanos. É um processo que não é automático nem garantido. Devemos nos encontrar novamente a cada estágio da vida.

Por favor, tente não se perder de si mesma. Esses anos são desafiadores. Tente ser fiel a você e à sua jornada pela busca do seu objetivo de vida. Pense em mim quando se sentir confusa. Pense na vovó Liz. Você carrega nosso amor e nossa sabedoria no seu coração, e vai encontrar algo de nós se nos procurar lá.

Amo você, minha querida,

Mamãe

Eu me deito virada para cima, com o toca-fitas emitindo apenas estática sobre a minha barriga dolorida. Lágrimas escorrem pelo canto dos meus olhos e se empoçam nas orelhas. Minha mente está cheia. Eu nunca tinha pensado na vida romântica da minha mãe antes de conhecer o meu pai. Ela e eu fomos criadas no mesmo bairro, frequentamos a mesma escola. Mesmo assim (até a morte dela), eu nunca a tinha imaginado como uma garotinha; nunca pensei em como tinha sido a infância dela, um pouco mais adiante na rua, tantos anos atrás. Pela primeira vez, mas não a última, me arrependi da minha falta de curiosidade em relação à vida da minha mãe, à pessoa que ela foi durante a maior parte da sua vida, nas décadas antes de eu nascer. De alguma forma, ela soube que um dia eu ia querer saber essas coisas e deu um jeito de responder a perguntas que nunca pensei em fazer.

Olhando para o teto branco, comecei a pensar sobre o início das aulas em setembro, quando eu começaria a estudar na Santa Rosa Middle School, dando início ao fundamental II. Por um momento, imaginei minha mãe começando a estudar lá também: só outra garota na minha turma, uma outra estranha dentro do próprio corpo passando por transformações. O anel de pérola brilhou na página, redondo e brilhante como uma moeda. Rebobinei a fita cassete até o início e apertei o play de novo.

— A toda velocidade, e que se dane o resto! — gritou meu pai enquanto cortávamos as ruas no seu Toyota branco.

Meu pai nunca foi prudente ao volante e começou a fazer o ponteiro do velocímetro subir a um nível inédito quando fiz treze anos. Sem o planejamento cuidadoso da minha mãe, nossa família de três estava sempre atrasada para tudo. Meu pai, Jamie e eu saíamos de casa às 7h58 com destino a duas escolas diferentes, sendo que as aulas começavam às oito da manhã. Naquele ano, haviam instalado três novos semáforos no caminho que meu pai fazia todas as manhãs. Os vizinhos reclamaram.

De vez em quando uma viatura policial naquele trecho nos mandava parar. Um guarda de uniforme azul se aproximava e dava duas batidinhas no vidro da janela do motorista.

— O senhor sabe o limite de velocidade desta rua?

— Hum... quarenta, né?

— Correto. E o senhor sabe a que velocidade estava?

— Não. Qual?

— Oitenta.

— Ah. — Meu pai parecia ligeiramente envergonhado. — Certo, é justo.

E ele estendia a mão para pegar a multa. Às vezes, o guarda o liberava apenas com uma advertência. O sotaque inglês costumava ter um efeito muito bom nos guardas.

Quando Jamie tirou a carteira de motorista, ele passou a dirigir o Volvo antigo da nossa mãe, cuja placa personalizada era HLY MKRL, isto é, "holy mackerel", sua interjeição favorita durante a infância. Ele dirigia rápido como o nosso pai, e eu, quando tirei a carteira alguns anos mais tarde, também dirigia assim. Nós três dirigíamos como se estivéssemos sendo perseguidos; como se, depois de tantos anos vivendo com tanta urgência, a gente não soubesse mais diminuir a velocidade.

A Santa Rosa Middle School, onde meu pai me deixava todas as manhãs, era uma construção de concreto cinza trancada atrás de uma cerca de correntes. Parecia que tinha sido construída para parecer uma jaula, e não uma instituição de ensino, como se a transformação dos alunos de crianças em adolescentes fosse algo a ser contido. A minha parte preferida do *campus* era a longa passagem coberta na qual ficavam as fileiras de armários de metal. De manhã e à tarde, o corredor ecoava o som de centenas de alunos abrindo trincos, batendo portas e girando a combinação dos cadeados. Fiz uma colagem na parte interna do meu armário com fotografias recortadas e bilhetes com caneta gel. Eu amava aquilo do jeito que uma criança ama algo que pode ser guardado e mantido em segredo. Aquele pequeno espaço de propriedade privada, meu por dois anos, me oferecia um pedaço estreito deste novo terreno estranho. Durante a primeira semana, fiquei olhando para as fileiras de portas de metal, imaginando qual teria sido a da minha mãe. Se fechasse os olhos, achava que quase conseguia vê-la entre a massa de estudantes: alta como eu, mas com cabelo escuro e franja volumosa, saia de pregas e meia branca comprida, uma garota que eu só vira em fotografias em preto e branco no fundo de uma caixa de sapato.

Às vezes, eu imaginava aquela garota andando ao meu lado pelos corredores lotados a caminho da próxima aula. Outras vezes, ela aparecia no fundo da sala de aula, sem dizer nada, só sentada em uma das carteiras, rabiscando até a aula terminar. Eu vislumbrava uma saia xadrez desaparecendo pela porta do banheiro feminino e dizia a mim mesma que era ela. A frequência dessas visões variava; afinal de contas, ela era só um eco, uma reverberação de trinta anos antes de uma garota que um dia cruzara aqueles mesmos corredores. Depois da aula, ela e eu tomávamos o mesmo caminho de volta para casa. Ambas evitávamos a rua principal e movimentada, preferindo as ruas paralelas. Ambas virávamos na avenida McDonald. Depois ela entrava na casa branca com porta vermelha, enquanto eu seguia sozinha pela rua.

Na manhã do meu aniversário de treze anos, tirei uma bolsinha de dentro do baú. Era de seda azul e tinha um fecho de metal. Abri o caderno de desenho de capa preta até a página indicada no cartão.

Comprei esses brincos simples de pérola quando eu morava no Leste. Acho que os comprei antes de começar a trabalhar no Capitol Hill para tentar parecer mais adulta. Ou talvez eu os tenha comprado para usar nas entrevistas de emprego depois de me formar em administração de empresas. Do que me lembro mesmo é que essa foi a primeira compra que fiz na loja de departamento Bloomingdale's, uma instituição absoluta da Costa Leste.

Com amor, mamãe

Olhei para as esferas leitosas e idênticas na palma da minha mão. Eram lindas e austeras. Originalmente minha mãe tinha prometido me deixar furar a orelha aos treze anos, a idade em que algumas tradições consideram que meninas se tornam mulheres.

Minha mãe nunca me contou nada sobre a época que passou em Washington, D.C., mas eu sabia, pela estranha osmose da infância, que ela tinha deixado a Califórnia com vinte e poucos anos para trabalhar como auxiliar legislativa de um senador. Imaginei minha mãe, jovem e alta, naquela cidade de cartão-postal com cúpulas de mármore e pedras entalhadas, subindo e descendo muitas escadas, enquanto pensava nos negócios da nação. Isso aconteceu nos anos 1970, e eu a imaginava usando saia e blazer, com os brincos de pérola cintilando nas orelhas. Como ela era naquela época? Aquela mulher no auge da vitalidade, sem marido ou filhos, e tudo à sua volta fervilhando de urgência.

Tirei os brincos naquela manhã antes de sair, e os coloquei sobre a cômoda. Eu não me sentia nem um pouco sofisticada para usá-los. Podia até ter existido uma época em que garotas de treze anos eram consideradas mulheres, mas, embora já fosse bem alta, eu ainda era uma garotinha. Alguns anos depois, eu os usaria em uma peça da escola, e perderia um deles para sempre na escuridão dos bastidores.

Cerca de um mês depois do meu aniversário, Antoinette veio ficar comigo para meu pai sair à noite. Pedimos comida e estávamos chegando ao restaurante para retirá-la quando Antoinette parou abruptamente ao meu lado, com os olhos fixos em um ponto além dos carros que cruzavam a rua.

— O que foi? — perguntei.

Segui o olhar dela e os vi através da janela do nosso restaurante tailandês favorito. Meu pai e a mulher estavam bem iluminados, como se fossem itens de exibição em uma vitrine. A mulher era ruiva. Enquanto eu observava, ela se levantou e foi até os fundos do restaurante, onde ficava o banheiro. Antoinette ficou parada na calçada por mais um tempo antes de dar um passo à frente.

— Venha — disse ela.

Passamos pela porta vaivém e fomos até o balcão de entrega de pedidos feitos por telefone. Ao nos ver, meu pai se levantou da mesa. Antoinette foi até ele e disse algo como um pedido de desculpa bem baixo que não consegui ouvir. Olhei para os fundos do restaurante, esperando que a mulher aparecesse de novo. Quando isso aconteceu, Antoinette tentou sair apressada com a nossa comida, mas meu pai nos apresentou com toda calma do mundo, como se tivesse planejado que nos conhecêssemos daquela forma.

— Gwenny, esta é a Shirlee.

Troquei um aperto de mão com ela.

No ano seguinte à morte de minha mãe, meu pai saiu com várias mulheres. Teve uma chamada Helen, que se encontrava com meu pai e comigo em uma lanchonete chamada Mac's às quintas-feiras. Eu pedia um queijo-quente e um sundae, e as conversas eram constrangedoras. Jamie, por conta da idade e por ser garoto, tinha permissão de ficar em casa.

Fiz várias perguntas ao meu pai sobre Helen. Eu queria saber como eles se conheceram e do que ele gostava nela. Indagava se ela tinha filhos ou se queria ter algum.

— Você a ama? — perguntei um dia no carro, enquanto ele cruzava as ruas em direção ao Trader Joe's.

— Não — respondeu ele depois de um tempo.

Senti meu corpo relaxar no banco do carona.

— Contanto que vocês não estejam transando... — falei.

Meu pai ficou em silêncio e ficou olhando para a frente enquanto acelerava pelo caminho. No dia que ele me contou que tinha terminado com Helen, senti uma onda de alívio. Algum tipo estranho e indefinido de perigo tinha passado.

A primeira coisa que notei em relação a Shirlee foi que eu a conhecia. Era mãe de um garoto da minha turma que estudava comigo desde o terceiro ano. David e eu nunca tínhamos dado muita atenção um ao outro. Ele passava o recreio jogando basquete. Senti uma pontada de medo crescer no meu peito enquanto segurava a sua mão de unhas vermelhas e dizia:

— Oi.

Na segurança do carro, com o nosso jantar em mãos, Antoinette soltou um longo suspiro.

— Eu até pensei em dar meia-volta e deixar a comida para lá, mas achei que talvez ele já tivesse nos visto pela janela.

— Eu conheço a Shirlee — falei, sentindo como se um elevadorzinho dentro de mim estivesse despencando.

A familiaridade fez com que tudo parecesse mais real. Aquela não era uma mulher que desapareceria facilmente da minha vida como a Helen, deixando apenas um lugar vago do outro lado da mesa da lanchonete Mac's. Antoinette e eu seguimos para casa em silêncio, cada uma perdida nos próprios pensamentos.

Nos meses seguintes, me habituei a ver a malinha floral de Shirlee aos pés da escada, sinalizando que o lugar vazio na cama do meu pai estaria ocupado naquela noite. Acho que meu pai não sabia que eu, aos treze anos, às vezes ainda me esgueirava para o quarto dele e me deitava ao seu lado quando não conseguia dormir. Minha incapacidade de dormir fora de casa tinha se resolvido depois da morte da minha mãe, mas eu costumava acordar de madrugada, ofegante e agitada por causa de pesadelos. Nessas noites eu atravessava o corredor e me enroscava em cima das cobertas perto dos joelhos dele para ouvir a respiração lenta e ritmada. Ele tinha sono pesado, e eu sempre voltava para o meu quarto antes de amanhecer, sentindo-me mais calma pela presença e pelo calor de uma pessoa conhecida.

Ao que parecia, Shirlee ficava na nossa casa sempre que David ia visitar o pai.

— Não gosto quando ela dorme aqui — comentei um dia.

— Bem — meu pai estendeu as mãos —, essa não é uma decisão sua.

Discutimos por alguns minutos e perguntei:

— Só para esclarecer uma coisa: esta casa é nossa? Ou esta casa é sua e eu só moro aqui?

Ele pensou por um instante.

— Esta casa é minha — disse ele devagar. — E você mora aqui.

Senti um leve desequilíbrio no chão sob meus pés.

— Você deve sentir como se sua mãe estivesse sendo substituída. Como se você estivesse sendo substituída — afirmou Judy, quando eu estava no sofá do consultório dela na quarta-feira depois da discussão.

— Por que ele precisa namorar com *ela*? — perguntei. — Por que a mãe de um colega da minha escola?

— Deve ser constrangedor — disse Judy.

— Acho que eles estão transando — falei.

— Provavelmente.

Não tentei esconder minha raiva por meu pai trazer aquela pessoa nova para a minha vida. Eu me mantinha fria e distante, teoricamente sem ser rude. Pelo menos é assim que me lembro, mas não gostaria de ver um vídeo do meu comportamento na época. Aprendi a caminhar pela corda bamba das palavras, escolhendo aquelas que mostrassem minha raiva, mas não me colocasse em maus lençóis. Sempre amei as palavras, mas nunca tinha desejado usá-las como arma até aquele momento. Minha língua afiada fazia com que me sentisse temporariamente poderosa em uma situação na qual eu era totalmente impotente. Eu temia qualquer demonstração de carinho por ela, e que, se eu baixasse a guarda, meu pai concluiria que as ações dele não estavam me fazendo sofrer. Era um protesto exaustivo, mas segui adiante, me apegando ao meu ressentimento como se só ele fosse capaz de me salvar de me afogar na tristeza.

Eu podia me dar ao luxo de não gostar da namorada do meu pai porque minha vida era repleta de mulheres maravilhosas. Herdei o ciclo de amizade da minha mãe do mesmo jeito que uma filha poderia receber uma coleção fabulosa de vestidos de grife. Aquelas mulheres tinham passado noites incontáveis em quartos de hospital, dormido em camas dobráveis, dirigido por centenas de quilômetros acompanhando minha mãe em consultas médicas ou viajando de avião para atendimentos com algum especialista do outro lado do país. Eram casadas e solteiras, mães de quatro filhos e mulheres sem filhos. Eram advogadas, empresárias e donas de casa. Nos primeiros anos depois da morte da minha mãe, elas me convidavam para um almoço anual para relembrar a data e trocávamos lembranças enquanto tomávamos sopa ou comíamos salada. Elas descreviam uma mulher muito mais complexa do que a mãe de que eu me lembrava. Elas falavam de uma mulher cuja língua afiada e inteligência podiam impressionar, mas também ferir.

— Cara, as coisas que ela dizia às vezes... — disse Sandy, meneando a cabeça. — Eu tinha que sair e ir para um canto chorar.

Eu me remexia, cheia de culpa na minha cadeira, pensando no prazer que eu estava aprendendo a sentir ao usar minhas palavras para causar dor.

— E a intenção dela não era nos fazer sofrer — continuou Sandy, como se estivesse defendendo minha mãe de si mesma. — Ela tinha um raciocínio tão rápido que nem sempre tinha tempo de pensar que suas palavras poderiam afetar os outros.

— Os conselhos dela eram maravilhosos — disse uma mulher chamada Anne. — Como ela precisava ficar muito na cama, a gente sempre sabia onde encontrá-la. Acho que ela gostava da distração de pensar nos problemas dos outros.

Outra amiga interveio:

— Mas aí tínhamos que lidar com as consequências. Se você dissesse que queria mudar alguma coisa na sua vida, fosse pedir demissão ou terminar um relacionamento, quando a visse de novo ela perguntaria o que você tinha feito, e, se não tivesse feito nada, ela fazia você se sentir insignificante. O problema era que ela estava certa. Era isso que tornava tudo tão frustrante e era a razão pela qual sempre voltávamos.

Tentei conciliar a pessoa dessas histórias com a que me colocava na cama à noite e lia para eu dormir. Ela também tinha brigas cruéis com o meu pai e tinha sido a CEO da própria empresa de sucos. Eu a conhecia no contexto da minha família, mas as amigas a conheciam antes do casamento e dos filhos. Algumas a conheciam desde que ela tinha a minha idade.

Esses almoços acabaram deixando de acontecer, mas muitas dessas mulheres continuaram fazendo parte da minha vida. Nas décadas que se seguiram, elas ouviram meus problemas românticos, me levaram para fazer compras e me ajudaram a me mudar. Elas me emprestavam dinheiro, compravam móveis para mim e atendiam quando eu ligava de madrugada. Cada uma foi como uma mãe para mim de uma forma diferente, de acordo com cada personalidade.

Na primavera, notamos que faltava pouco para Jamie se mudar. Ele tinha dezessete anos e as cartas de aprovação chegavam semanalmente de universidades com nomes elegantes de lugares que pareciam distantes. Para ele, essa nova versão da nossa família, transformada de quadrado em triângulo, era algo temporário, uma sala de espera que levaria para o resto da vida dele. No outono seguinte, ele deixaria um quarto vazio para trás.

A formatura dele no ensino médio aconteceu em uma tarde escaldante de junho que se transformou em uma noite fria, enquanto o diretor chamava pelo nome todos os quinhentos formandos do ano. Localizei facilmente Jamie no campo de futebol com sua roupa preta, porque ele estava andando daquele jeito artificial, para passar dignidade, com as mãos às costas e a cabeça baixa, como um servidor público idoso. Observei de longe enquanto ele chegava ao seu assento ao som das últimas notas das Marchas de Pompa e Circunstância (ou, como Jamie chamava, "Marcha Pomposa e Circunstancial"). Nas arquibancadas, aplaudi e comemorei junto com meu pai e os irmãos da minha mãe quando chamaram o nome de Jamie.

Semanas depois, eu me sentei no chão do quarto dele enquanto ele fazia as malas para ir embora. Jamie havia decidido adiar a faculdade por um ano e se inscreveu em um programa de viagens chamado Leap Now (Salte agora, em tradução livre). Jamie tinha pulado o sexto ano, e detestava ser sempre o mais novo da turma. Sendo assim, ele começaria a faculdade aos dezoito anos, como todos os outros calouros.

A mochila preta que ele levaria em sua viagem por Equador, Peru e Índia era maior e tinha mais alças do que qualquer outra mochila que eu já tivesse visto. Quando ele fechou o cinto em volta da cintura fina e do tórax, aquele volume parecia mais uma armadura do que uma bagagem. Em cima do tapete, ao meu lado, estava o baú de vime de Jamie, o gêmeo do meu. Jamie faria dezoito anos em abril e estaria em outro continente, a milhares de quilômetros do baú e de mim.

— Leve pelo menos este — sugeri, apontando para o embrulho com o cartão que dizia *Aniversário de 18 anos*.

Mas Jamie negou com a cabeça. Não queria se preocupar com perder ou ser roubado.

— E isso? — perguntei, estendendo o ursinho de pelúcia velho. Os pelos estavam embaraçados e a cabeça tinha caído uma vez porque ele tinha me batido com ele. Depois, costurei a cabeça de volta de forma tosca e o entreguei para ele. Eu queria que ele levasse alguma coisa que provasse que deixar a nossa casa custaria para ele uma pequena fração do que estava custando para mim. Mas ele meneou a cabeça. Esperei até ele ir ao banheiro e enfiei o ursinho no fundo da mochila. Ele o encontraria semanas depois, entre as meias de lã.

Naquela noite, meu pai e eu levamos Jamie de carro até o Aeroporto Internacional de São Francisco. Dei um abraço de despedida e ele me deu um beijo na testa, uma coisa que ele nunca tinha feito antes: uma bênção. Tentei segurar as lágrimas até que o garoto alto tivesse se virado e passado pelas portas deslizantes de vidro do terminal. Eu não queria fazê-lo se sentir culpado, mas já estava sentindo saudade dele como eu sentiria do sol ou do vento se um dia desaparecessem, pois são coisas que jamais imaginei precisar aprender a viver sem.

Aniversário de catorze anos:

Depois que vovô Bill morreu, vovó Liz, tio Q e eu fomos à Inglaterra visitar a mãe e as irmãs da vovó Liz. Elas me deram este brochezinho de folhas. Eu tinha catorze anos.

Anos antes de morrer, minha mãe me disse que um dia meu pai se casaria de novo e tudo bem. A árvore genealógica da família da minha mãe tinha muitos ramos por causa de divórcios e mortes prematuras que levaram a segundos e terceiros casamentos, alguns que deram frutos, criando ainda mais confusão sobre o grau de parentesco entre as pessoas. Vovó Liz se casou três vezes. Meu avô, duas. Durante toda a minha vida, a comemoração de Ação de Graças foi cheia de madrastas e padrastos, meios-irmãos e irmãos postiços. Eu sabia que nem toda madrasta era como as dos contos de fadas, que elas não trancavam seus enteados em porões ou os mandavam para a floresta para serem devorados por animais selvagens.

— Ela pode ser uma pessoa maravilhosa — dissera minha mãe. — Como o vovô Bill.

Ela pediu que eu mantivesse a mente aberta, e prometi tentar.

Era o último dia de aula antes das férias de inverno do nono ano, e meu pai me surpreendeu ao me buscar depois da aula. Eu costumava voltar a pé para casa, numa calma que contrastava com as manhãs de correria para chegarmos à escola de carro.

— Está chovendo — explicou meu pai. — Vamos?

Ele entrou na nossa rua, mas, em vez de levar o Toyota para casa, foi seguindo por ruas secundárias.

— Aonde a gente tá indo? — perguntei.

— Pensei em dar uma passada na casa dos seus tios para dar um oi.

Meus tios moravam perto do centro da cidade em uma casa que pintaram em um tom ousado de laranja, algo entre tangerina e cor de abóbora. Meu pai estacionou na frente da casa, bloqueando ligeiramente a garagem com o para-choque. Não ficaríamos por muito tempo.

Tia Carole atendeu a porta, e percebi, por sua expressão, que ela não esperava aquela visita. Meu pai tinha surpreendido a nós duas. Ele apoiou a mão nas minhas costas e foi me guiando até a sala de estar, enquanto tio Q saía da cozinha. Todos nós nos acomodamos no sofá verde e nas poltronas.

— Gwenny — começou meu pai. — Tenho uma coisa para contar.

Já fazia alguns anos desde que tivéramos uma reunião de família, e eu me preparei para uma novidade que não queria ouvir. Aos catorze anos, já era velha demais para começar a fazer piadas do tipo "toc-toc, quem bate" ou tentar me sentar no colo de alguém. Além disso, não estávamos na nossa casa. Eu era só uma convidada ali. Fiquei imaginando qual era o objetivo de tudo aquilo, enquanto observava a expressão ansiosa e esperançosa do meu pai.

— Ontem — continuou ele, sem perder tempo — pedi a Shirlee em casamento.

Embora eu soubesse que aquelas palavras estavam por vir, elas me atingiram como um soco. Senti o queixo vibrar de adrenalina e um gosto metálico e amargo na boca. Senti todos os olhos em mim enquanto eu tentava controlar a minha expressão, mas as lágrimas escorreram pelo meu rosto e caíram no meu colo.

Dava para perceber que meus tios também estavam surpresos. Fiquei me perguntando o que tio Q pensava sobre aquilo. Ele era irmão da minha mãe, e agora o marido dela ia se casar com outra pessoa. Mas meu pai sempre fora muito próximo da família do tio Q e eles aceitaram a Shirlee quando ele a apresentou como namorada. O pai do tio Q tinha sido o amado padrasto da minha mãe. Desviei o olhar, sentindo o rosto queimar de constrangimento. Eu amava meus tios, mas odiava ser observada enquanto me sentia tão vulnerável.

Em vez disso, olhei para o meu pai, com seu cabelo loiro-avermelhado, o bronzeado californiano, o nariz torto do mesmo jeito que o meu. Durante a maior parte da minha vida, ele e eu fomos aliados, mas agora alguma coisa mudara. Eu tinha me tornado um obstáculo para o que ele queria, e ele precisava me superar. Não havia para onde correr; a batalha já estava perdida.

— Meus parabéns — sussurrei, forçando as palavras a passarem pelo nó que tinha se formado na garganta.

Ele pareceu tão aliviado e tão feliz que quase senti pena. Meu pai devia estar morrendo de medo da minha reação para ter armado tudo aquilo para me contar.

— Obrigado — disse ele com um sorriso, olhando para os meus tios.

Eles olharam para ele e depois para mim. Ele estava radiante. Eu tremia, com o rosto molhado de lágrimas. Ambos deram os parabéns para o meu pai, mas minha tia me abraçou por bastante tempo antes de partirmos.

Mantenha a mente aberta, pedira minha mãe. Por que eu achava isso tão difícil? Eu não gostava de ver que a Shirlee sempre esperava meu pai abrir a porta para ela, muito menos da forma como ela pousava a mão com as unhas pintadas de vermelho no braço dele. Eu não gostava que ela nos obrigasse a nos reunir ao redor da mesa de jantar para comermos "como uma família", quando a minha família, em geral, fazia as refeições em três ou quatro aposentos diferentes. Eu não gostava que um comentário impensado meu provocasse um rio de lágrimas nela e que ela chamasse o meu pai para me obrigar a pedir desculpa. Eu não gostava de fazer as exibições de afeto que ela esperava de mim. Eu não gostava do fato de ela não ser a minha mãe, mas não havia nada que ela pudesse fazer em relação àquilo.

Em casa, Shirlee estava esperando com champanhe e cidra. Dei os parabéns para ela também e observei enquanto ela enchia as taças. David devia estar com o pai naquela noite. Jamie tinha terminado o seu ano sabático e estava de volta para as férias depois do primeiro semestre na faculdade. Até onde pude observar, ele não sentia a mínima falta de casa. Quando ele entrou na sala, vi que já sabia do noivado. Meu pai deve ter contado para ele em um momento diferente. De novo, fiquei imaginando qual teria sido a intenção e a estratégia que o fizera nos contar separadamente.

Depois do brinde, Jamie e eu pedimos licença e fomos à videolocadora para alugar um filme. Entramos no antigo Volvo da nossa mãe e colocamos o cinto de segurança. Jamie arrancou com o carro e acelerou pela rua ao longo do cemitério onde nossa mãe estava enterrada. Era a rua que levava à locadora. A rua que levava à maioria dos lugares. Notei que toda hora ele se virava para olhar para mim.

— Que foi? — perguntei.

— Nada — respondeu ele. — É babaquice.

— Fala, ué — retruquei.

— Bem... — Ele deu um sorriso cheio de empatia. Depois do ano-novo, ele iria voltar para a faculdade na Pensilvânia. — Que merda é ser você.

***

Dois dias antes do Natal, meu pai, Jamie e eu fomos até a fazenda em Sebastopol para cortar a nossa árvore. Àquela altura, o pinheiro enorme no hall de entrada tinha se tornado uma tradição. Sempre comprávamos a nossa árvore com atraso, mas, naquele ano, esperamos Jamie voltar da faculdade. Teria sido estranho demais ir sem ele. Shirlee não nos acompanhou, preferindo ficar aquecida em casa, ouvindo músicas de Natal de Ella Fitzgerald. David ficaria com o pai até o dia de Natal, e eu estava grata por ter uma ou duas horas a sós com meu pai e meu irmão. Quando nos aproximamos da entrada da fazenda, fomos recebidos por uma plaquinha com uma ilustração de Papai Noel dizendo "Fechado".

— *Ops* — falei, já tentando imaginar um Natal sem árvore.

Mas meu pai pisou no freio com força e saiu do carro. Ele contornou a picape e pegou o serrote que trouxe, seguiu até o portão e subiu com agilidade nas ripas de madeira.

— Venham rápido — disse ele para nós.

Jamie e eu pulamos a cerca e passamos por outra placa grande que dizia "PROIBIDA A ENTRADA". Nosso pai tinha levado também uma trena amarela, que ele usou para medir o tronco de várias árvores, buscando uma que tivesse exatos cinco metros de altura. O pinheiro escolhido tinha um dos lados sem folhagem, e meu pai disse que seria perfeito para apoiar na escada. Ele e Jamie se revezaram para serrar o tronco grosso, tirando as camadas de roupas quando o esforço os deixava com calor. Carregamos nos ombros a árvore imensa até o portão, meu pai na frente, Jamie no meio e eu atrás, ficando com a parte menos pesada da copa. Tivemos dificuldade para passá-la por cima da cerca, e acabamos com o rosto e as mãos cobertos de uma resina pegajosa com cheiro forte. Meu pai prendeu o pinheiro no teto do carro, os galhos soltos me lembrando um animal preguiçoso e submisso. Antes de partirmos, meu pai colocou o dinheiro pela compra da árvore em um envelope e o enfiou por baixo da porta do prediozinho onde serviam biscoitos e cidra quente de maçã. De volta ao carro, triunfantes, nós nos afastamos da fazenda a toda velocidade como se a polícia fosse aparecer a qualquer momento. Cruzando as estradas sinuosas, passando por vinhedos e fazendas de leite, nos afastando de mais uma pequena contravenção do meu pai, me senti esperançosa. Parecia que algumas coisas não mudariam.

Durante as poucas e breves semanas de férias de Jamie, ele e eu ficamos acordados até tarde, batendo na porta um do outro à noite para olharmos álbuns antigos de fotografia e relembrarmos histórias de família. O casamento iminente do nosso pai nos levou a uma onda de nostalgia. Alguns dias antes da partida de Jamie, fomos juntos até o cofre vermelho à prova de fogo no escritório do nosso pai e pegamos uma pilha de fitas VHS que estavam intocadas havia quase uma década.

Não sei bem como tínhamos ciência de onde encontrá-las nem mesmo que elas existiam, mas a informação estava em algum lugar no fundo da nossa mente. Sabíamos que nossa mãe havia contratado uma pessoa para fazer os filmes logo que ela descobriu que o câncer era terminal, quase cinco anos antes de sua morte. Durante aqueles anos, os vídeos sumiram da nossa mente, apagados pela gratidão por ela continuar sobrevivendo. A lembrança da existência deles ficou enterrada no nosso subconsciente, até que nossa voracidade pelo passado a trouxe de volta à superfície.

Levamos as fitas até o antigo quarto da nossa mãe, colocamos a primeira no videocassete e nos acomodamos. Eu na cama, Jamie na poltrona.

— Pronto? — perguntei.

Eu não sabia definir a sensação que crescia dentro de mim enquanto olhava para ele.

— Acho que sim — respondeu ele.

Apertei o botão do controle remoto.

Depois de alguma estática, uma melodia de piano preencheu o quarto. Apareceu na tela uma foto das plantas que cresciam no jardim dos fundos e, por cima, as palavras *Reflexos de uma vida*. Jamie e eu reviramos os olhos. Achamos aquilo constrangedoramente sentimental. Afinal, éramos adolescentes e nos achávamos muito sofisticados.

E, então, ela apareceu.

À medida que o volume da música diminuía, uma mulher surgiu sentada diante da cerca baixa de madeira do nosso quintal, tendo ao fundo alguns carvalhos. Estava com uma camisa azul de botão. O cabelo comprido estava preso em um rabo de cavalo baixo, a franja escura esvoaçando ao vento. Brincos de pérola brilhavam nas orelhas. Não era como se estivéssemos olhando uma fotografia. Era como se estivéssemos no quarto com ela.

Oi, Jamie, disse nossa mãe. Oi, Gwenny. Meus filhotes queridos. Eu amo tanto vocês.

Ah, é tão estranho gravar um vídeo para vocês, e para vocês deve ser muito estranho assistir. Mas esta é uma forma de eu deixar a vocês alguma coisa de quem eu fui. Na verdade, a ideia veio da pequena Gwens. Você lembra, filha, quando tivemos a nossa primeira conversa sobre a possibilidade de eu morrer, quando você era pequena? Perguntei se você conseguia pensar em algo que talvez ajudasse, e você logo disse: "Sabe, mãe, eu gostaria que você pudesse fazer um vídeo e dizer 'Oi, Gwenny!', e eu poderia assistir sempre que precisasse estar com você." Achei a ideia muito boa e sábia. Então, aqui estou!

Estou gravando isso no dia 1° de outubro de 1996, no início do outono, e achei que seria uma boa ideia fazer isso enquanto ainda estou com um aspecto saudável e bom, ainda parecendo comigo mesma, do jeito que gostaria que se lembrassem de mim. Mas não quero que achem que estou fazendo isso porque perdi as esperanças ou desisti de lutar para ficar com vocês. Na verdade, há uma pessoa atrás das câmeras segurando uma foto de vocês. Aquela com ímã que fica na geladeira, que seu pai e vocês fizeram para mim no Dia das Mães. Parece que estou falando mesmo com vocês, e isso ajuda muito.

Eu já estava chorando. Percebi que a sensação sem nome era medo. Eu tinha medo do que poderia haver naquelas fitas, medo de revisitar o sofrimento de todos aqueles anos quando ouvi, repetidas vezes, que não havia esperanças, que minha mãe estava condenada. Olhei para Jamie e vi os olhos dele marejados também. Fiquei me perguntando se não teríamos cometido um erro. Não sabia explicar por que a imagem da nossa mãe, falando com tanta coragem, me enchia de uma tristeza desesperadora. As emoções que vinham da tela eram enormes e complexas demais, e, de alguma forma, adultas demais. Eu tinha medo de que, se tentasse absorvê-las, me afogaria nelas. A questão era que havia sido eu a pedir aquele vídeo quando tinha apenas sete anos, mas agora eu tinha o dobro daquela idade. Agora eu entendia o que não conseguia enxergar na época: que manter a voz leve e controlada estava custando toda a força que aquela mulher na tela tinha.

* * *

Em primeiro lugar, quero contar a vocês o que venho tentando fazer para estar pronta e ajudá-los a estarem prontos. Passei os últimos meses escrevendo cartas para vocês. Ainda estou escrevendo.

E tive a ideia por meio da história de Vasilisa, em que a mãe está morrendo e dá à filha uma bonequinha que ela guarda no bolso. E sempre que a filha passa por alguma dificuldade ou precisa enfrentar grandes desafios para os quais não está preparada ou com os quais não tem experiência para lidar, ela tira a bonequinha do bolso para ouvir conselhos e dicas e decidir que caminho tomar. Essa boneca representa não só a intuição e a sabedoria da filha, mas também o amor que a mãe sentia por ela. Percebi o quanto queria poder dar para cada um de vocês uma bonequinha que pudesse ajudá-los quando os problemas parecerem grandes ou complexos demais, ou quando vocês não tiverem experiência suficiente para decidir que caminho tomar. Eu queria pegar toda a minha experiência de vida, tudo que aprendi e todo o amor que sinto por vocês e encontrar uma forma de colocar em um pacotinho que vocês pudessem carregar com vocês o tempo todo.

Existem momentos importantes na nossa vida — ocasiões especiais em que desejamos muito que nossos pais possam estar ao nosso lado. Aniversários especiais, formatura da escola, tirar a carteira de motorista, noivado, casamento, nascimento do primeiro filho. Então, escrevi cartas para contar para vocês como eu me senti em cada um desses momentos importantes e mostrar como foi para mim. Escolhi também presentes para marcar essas ocasiões para que saibam que eu estava pensando em vocês. É horrível saber que não vou poder estar com vocês, mas ao menos saberão que estavam nos meus pensamentos o tempo todo, o tempo todo. E que não os deixei sem lutar.

Havia momentos em que ela olhava diretamente para a câmera; em outros, o olhar dela se desviava como se estivesse buscando as palavras. Ela estava imóvel na cadeira, com um cobertor no colo. Às vezes, erguia uma das mãos para prender uma mecha de cabelo que açoitava o seu rosto. Ela falava devagar e com cuidado, com o ritmo melódico do qual eu me lembrava de quando éramos mais novos. Ela devia ter imaginado que ainda seríamos crianças, em vez de adolescentes, quando assistíssemos à fita pela primeira vez. Ao fundo do vídeo, ouvi o sino de vento que ficava perto da porta dos fundos, as mesmas notas repetidas várias e várias vezes, nunca se transformando em uma melodia ou ganhando um significado. Sentada na cama, tantos anos depois, eu ouviria o mesmo sino tocando ao vento lá fora.

Tenho algum arrependimento por ter colocado a vida da nossa família em espera enquanto eu tentava salvar a minha. Acho que eu só me arrependo disso porque parece que não funcionou. Se tivesse funcionado, teria valido a pena cada minuto de desconforto e cada sacrifício que fiz. Estar naquele programa, tentando lutar contra o câncer, me deixava irritada, mal-humorada e debilitada. Eu tentava muito ser paciente, boa e calma, e de repente — bum! — eu ficava com raiva porque me sentia muito mal e só queria me agarrar à vida, e, às vezes, isso me assustava. E aposto que assustava vocês também. Gostaria de poder voltar no tempo e fazer diferente, mas não é possível. Vocês precisam saber a verdade. Eu não fui só bondade e luz o tempo todo.

Nossa mãe contorceu o rosto e começou a chorar. Afundei o rosto nos travesseiros, como se eles pudessem me proteger do que estava acontecendo no vídeo. Senti o mesmo impulso de quando assistia a filmes de terror, de cobrir os olhos com as mãos e espiar por entre os dedos, pronta para fechá-los. Alguma coisa estava se partindo dentro de mim. Ficou evidente, na vulnerabilidade e no desespero que a mulher na tela não conseguia esconder, que as cartas dentro do baú de papelão não eram o trabalho de alguém que se resignou com a morte, mas de alguém que ainda lutava, com todas as forças, para superá-la. Ela só tinha quarenta e quatro anos, percebi com um sobressalto, e estava enfrentando o fim da própria vida. Mesmo como um eco de anos passados, era insuportável. Do outro lado do quarto, ouvi os soluços baixos e abafados de Jamie. Eu nem sabia se ainda estava chorando ou não. Só sabia que raios imensos me atravessavam por dentro como se eu estivesse no meio de uma tempestade de relâmpagos.

No último verão, conversamos sobre eu ter uma doença terminal, uma doença mortal, e que as minhas chances não eram muito boas, e que eu não conseguiria passar muito mais tempo com vocês.

Não sei ao certo quando é melhor que vocês assistam a isso. Talvez fosse melhor que assistissem antes da minha morte, ou talvez seja melhor esperarem. Vocês e o papai vão ter que decidir o que faz mais sentido.

Mas morrer é difícil e dá trabalho. Trabalho de verdade. Acho que é meio como nascer. Deixar o nosso corpo. Vai ser insuportável para mim ter que deixar vocês. E desconfio que isso vai dificultar muito a minha morte, porque eu não quero ir antes da hora. Mas, quando chegar o momento, vou precisar me voltar para mim mesma e não quero que vocês achem que estou dando as costas para vocês. É só que eu acho que a pessoa precisa seguir em uma jornada profunda para se preparar para deixar este mundo e ir para o seguinte. É preciso muita concentração. E vai chegar o momento em que vou precisar me voltar para mim mesma. E vai ajudar muito saber que vocês estão dispostos a me deixar partir.

E, Jamie e Gwenny, acho que vocês foram muito sábios e maduros ao decidirem estar com a vovó Liz depois que ela morreu. Senti muito orgulho de vocês. E acho que foi uma boa preparação para o que vocês vão ter que enfrentar. Eu nunca tinha visto uma pessoa morta antes. E foi uma baita revelação para mim. Eu entendi que não somos o nosso corpo. Instantaneamente, logo depois que vovó Liz morreu, houve uma sensação de que o verdadeiro eu dela estava no espírito dela e que esse espírito tinha abandonado seu corpo. Senti a presença dela o tempo todo enquanto a banhava e vestia e olhava para ela enquanto a preparava. Eu a sentia no quarto comigo. E acho que isso vai ajudá-los a pensar em como vão ser as coisas quando eu partir. Porque no minuto — no instante — depois que eu morrer, vocês vão saber, vocês simplesmente vão saber, que não estou mais no meu corpo — que o meu espírito foi libertado e que vou poder estar com vocês de um jeito diferente.

* * *

O vídeo tinha quase uma hora de duração. Ficou evidente que foi gravado em várias sessões, e as cenas foram editadas e encaixadas. Em algumas partes, ela estava controlada, mas, em outras, chorava tanto que mal conseguia falar. À medida que os minutos se passavam, Jamie e eu fomos afundando cada vez mais onde tínhamos nos acomodado. Nossa tristeza combinada se acumulava à nossa volta até encher todo o quarto. Terminamos deitados, exaustos.

Pelo menos quero que saibam que vocês têm direito de ter uma vida feliz, boa e longa. Nada me deixaria mais feliz do que saber que vocês seguiram em frente e foram felizes. Isso é a melhor coisa que vocês podem fazer em minha homenagem. Isso vai me fazer conseguir enfrentar a situação melhor do que qualquer coisa. Porque é tudo que realmente quero: que vocês dois tenham uma vida feliz, trabalhando com o que gostam e tendo relacionamentos que lhes tragam alegria. E espero que, se um dia escolherem ter filhos, vocês possam se maravilhar e se alegrar por amarem esses filhos do mesmo jeito que amo vocês.

O rosto dela congelou na tela. A música começou a tocar de novo e, então, estática. Por alguns segundos, o único som era o da nossa respiração ofegante e trêmula. Então, olhamos um para o outro e tivemos um acesso histérico e exausto de riso, que surgiu do âmago das nossas emoções, e nós nos retorcemos e ofegamos, como se o movimento e o som pudessem exorcizar o sentimento do nosso corpo.

Senti algo estranho no peito, como se levasse ali um passarinho preso a uma armadilha. Nossa mãe tinha falado com a gente muitas vezes sobre a morte, mas nunca com aquele nível de clareza e objetividade. Nós nunca permitimos. Eu sempre atrapalhava a conversa com piadas ou pirraças, e Jamie sempre caía no sono. Já que ela não podia contar aquilo para nós, então contou para a câmera. Ela imaginou que talvez assistíssemos ao vídeo em algum momento antes da morte dela, mas eu nunca teria conseguido assistir a tudo. Apesar do que ela disse sobre não ser "só bondade e luz o tempo todo", nas minhas lembranças ela sempre me ofereceu sua suavidade, sua esperança e sua resiliência. O vídeo continha um vislumbre do sofrimento, da raiva e do desespero que ela sentia.

— Ah, cara... — disse Jamie, as lágrimas de riso se misturando com as que já estavam no seu rosto.

— Pois é — falei. — Isso foi a coisa mais pesada que eu já vi na vida.

Não assistimos às outras fitas. Guardamos de volta no cofre à prova de fogo e fechamos a porta. Não o abriríamos de novo pelos sete anos seguintes.

Aniversário de quinze anos:

Meu pai e minha madrasta compraram este colar de coral para mim em Hong Kong como presente de Natal. Vai combinar mais com você do que jamais combinou comigo.

Embora minha mãe e eu tenhamos estudado na mesma escola, a foto dela só aparece em uma única edição do anuário. Aos quinze anos, magra e sardenta, ela morou em São Francisco por um ano enquanto vovó Liz estudava no Art Institute para obter o mestrado. Ela voltou no segundo ano e seu rosto sorridente e plácido pode ser encontrado nas páginas do *Santa Rosa High School Echo* de 1968. Quando a edição de 1969 foi feita, ela já tinha deixado a escola.

Décadas depois, enquanto estava escrevendo este livro, eu entraria na sala de orientação pedagógica da escola e solicitaria uma cópia do histórico escolar dela. Achei um milagre ainda o terem. Minha mãe saíra da escola muito antes de terem digitalizado qualquer coisa, mas uma senhora gentil com crachá laminado trouxe um envelope de papel pardo grosso de uma sala e ligou a fotocopiadora. O histórico escolar da minha mãe mostrava um período breve, mas interessante. Ela não tinha tirado todas as notas nove ou dez que esperara — e recebera de mim e de Jamie —, mas uma mistura de seis, sete e oito, até um cinco em álgebra. Ela conseguiu alguns nove e dez em inglês e história. Levou uma suspensão, que foi seguida por repetidas advertências por desrespeitar o código de vestimenta (tio Q me explicou que ela insistia em usar um cobertor velho com um buraco no meio, como se fosse um poncho). O arquivo também continha dois bilhetes, um da minha mãe e um da vovó Liz, insistindo que ela não tinha nada a ver com o que chamavam de "o infeliz incidente". Esse "incidente" ainda era lendário na Santa Rosa High School quando comecei lá, mais de três décadas depois.

Em 1969, um pequeno grupo de alunos, entre eles minha mãe, imprimiu e distribuiu uma edição única de uma "revista literária": meia dúzia de páginas grampeadas contendo um conto, um poema, uma história em quadrinhos e uma carta dos editores. O sentimento antiguerra estava crescendo na escola, e o tema da revista era censura e patriotismo coagido. O poema foi o problema. À primeira vista, parecia uma ode vigorosa, mal escrita e exagerada ao Santa Rosa High School como uma grande instituição estadunidense, mas, ao olhar a primeira letra de cada verso, dava para ler: D-U-E-Y-P-O-R-C-O-F-A-S-C-I-S-T-A-D-E-M-E-R-D-A. Sr. Duey era o diretor. Minha mãe só recebeu crédito como coautora da história em quadrinhos que apareceu na última página, uma série bastante inócua de painéis no qual um grupo de insetos é esmagado por um ogro assustado. Na última imagem os insetos estão mortos no chão. *Não existe nada tão final quanto pés*, lia-se no último balão acima das cabecinhas com antenas. Na carta delas, minha mãe e minha avó afirmaram que, embora minha mãe nada soubesse sobre o poema, ela tinha sido informada que ele não apareceria na revista. A veracidade ou não dessa informação dividia opiniões na família. As cartas também sugeriam que aquele não tinha sido o primeiro contato da minha mãe com o sistema disciplinar da escola.

Algum tempo depois dessa infração, aos dezessete anos, minha mãe abandonou o ensino médio. Seu histórico mostra que depois ela fez aulas de extensão na UC Berkeley e entrou com um pedido para emissão do seu diploma, mas não ficou claro se seu pedido chegou a ser deferido. Ela não participou da formatura. Em vez disso, foi fazer um mochilão pela Europa e entrou em uma expedição de arqueologia marinha com o namorado, um aluno de doutorado que ela tinha conhecido enquanto ajudava a coletar cacos de vasos chineses de um velho navio espanhol naufragado perto de Point Reyes. Posteriormente, ela iria com o namorado para o *campus* de Santa Cruz da Universidade da Califórnia, para fazer seu curso de graduação.

O que mais gostei de ver na pasta do histórico dela foi a carta de recomendação do diretor Duey, para ajudá-la a conseguir algum emprego.

Kristina Mailliard, cursando o penúltimo ano no Santa Rosa High School, é uma jovem muito inteligente que se expressa com clareza e habilidade. Ela demonstra uma insatisfação maior do que a esperada com o status quo e diz, com incomum franqueza, que pretende promover mudanças. Principalmente por causa dos próprios entusiasmo e interesse, conseguiu iniciar uma Federação Estudantil em nosso campus; vem mantendo essa organização unida com bastante esforço, uma vez que os outros alunos demonstraram apenas um leve interesse. Kristina é altamente determinada, conseguindo realizar tudo o que planeja. Na minha opinião, se for escolhida para esta vaga, ela será uma integrante dinâmica e contribuirá muito para a organização. Não resta dúvida de que sua presença e suas ideias farão diferença.

Entrei no Santa Rosa sem nada do espírito rebelde da minha mãe, já que eu era uma pessoa que gostava de seguir as regras. Aos quinze anos, eu era mais alta do que a maioria dos garotos da minha turma, usava aparelho (pela segunda vez!) e fazia parte de um grupinho de pessoas que seguiam as normas.

Na primavera do meu primeiro ano, houve um baile, e escolhi um vestido que combinava com o colar de coral que minha mãe me dera de aniversário. O colar era bonito, em um tom suave e etéreo de rosa, porém, mais do que isso, foi a primeira coisa que encontrei no baú que conseguia me imaginar usando. Fui ao baile com meu grupo de amigos, composto de garotas e garotos, e dançamos de forma desajeitada as músicas de Nickelback, Vanessa Carlton e Maroon 5.

De repente, naquela confusão de gente, senti alguma coisa arrebentar na minha nuca e ouvi o quicar baixo das contas pequenas no chão do ginásio. Gelei na hora. A música continuava. Senti uma conta, não muito maior que um grão de arroz, se alojar entre meu calcanhar e a sola da sandália prateada. Eu me abaixei entre as pessoas que dançavam e comecei a catar freneticamente o maior número de contas que consegui antes que elas desaparecessem, reduzidas a pó no chão reluzente. Pressionei as pontas soltas do colar contra o peito com uma das mãos, enquanto a outra catava os grânulos que rolavam pelo chão, agachada no escuro em meio aos pés que se mexiam sem parar. As contas eram tão pequenas e numerosas que cada uma delas parecia me repreender. Enquanto ia tateando entre os dançarinos, o colar escapuliu da minha mão, e mais contas caíram do meu peito para o chão. Eu me ajoelhei no meio delas, contendo a vontade de apertar os interruptores que controlavam as luzes do teto.

Senti um toque no ombro, e uma amiga me perguntou o que tinha acontecido. Ela me encarou, preocupada, com metade do rosto oculto nas sombras. Abri e fechei a boca. No espaço de um segundo, meu medo pelo colar foi suplantado pelo medo de alguém descobrir o que tinha acontecido com ele. Eu não podia explicar o que tinha feito, que tinha trazido algo tão precioso para o meu mundo confuso de adolescente, e que esse mundo o tinha quebrado. Eu não tinha contado para nenhum colega de onde o colar viera, então eles não sabiam que era especial. As pessoas que conheciam a história —

meu pai, minha tia e minha madrinha — não podiam descobrir que ele arrebentara. Se ninguém mais ficasse sabendo, seria como se aquela catástrofe jamais tivesse acontecido.

— Nada — respondi. — Achei que tinha deixado uma coisa cair. Eu me levantei, segurando o que restava do colar.

— Vou ao banheiro! — avisei para as silhuetas à minha volta e segui na direção da placa luminosa indicando a saída.

Minha mãe às vezes me contava uma história sobre o dia em que o pai de vovó Liz, já divorciado da minha bisavó e legalmente proibido de entrar na casa delas, arrombou a porta da frente e encontrou vovó Liz sozinha. Ela devia ter apenas seis ou sete anos, e ele a tomou nos braços. Nesse ponto da história, eu sempre imaginava que meu bisavô devia ter cheiro de tinta a óleo e que ele passava o dia todo pintando quadros, transformando-os em camadas de sombra e luz. Ele colocou a filha no chão e lhe deu um chocolatinho embrulhado em papel alumínio.

— Não conte para a sua mãe que eu estive aqui — pediu ele, e então foi embora.

Vovó Liz comeu o chocolate e chorou porque aquilo era tudo que tinha do pai e agora havia acabado. Ela usara o presente como ele imaginara, mas ao mesmo tempo o destruíra.

No verão depois que terminei o primeiro ano do ensino médio, meu pai se casou com Shirlee na igreja episcopal na qual fui batizada. Usei uma saia florida cor-de-rosa, um suéter também cor-de-rosa e segurei um buquê de peônia cor-de-rosa no colo. Eu estava sentada no primeiro banco. Era um dia claro de junho, mas a igreja centenária estava escura e fria. Eu me sentei entre Jamie, de terno e gravata, e o pai do nosso pai, que veio da Inglaterra. Nosso avô costumava nos visitar às vezes, quando éramos pequenos, mas agora, com mais de oitenta anos, ele só vinha para casamentos e funerais.

No dia anterior, meu avô pediu que eu o levasse ao cemitério para ver o lugar onde minha mãe tinha sido enterrada. A lápide dela ficava aos pés de um velho carvalho cujo tronco tinha se dividido mais de um século antes e crescera duplo, como duas árvores presas pelas raízes. Plantei um canteiro de amarílis no lugar onde colocamos o vaso de cerâmica com as cinzas dela, mas as plantas ainda não tinham florescido e havia apenas um conjunto de folhas verdes e lustrosas. Meu avô e eu nos sentamos em um muro baixo de concreto em frente à lápide, olhando para o nome dela entalhado no granito.

Desde que eu me entendia por gente, meu avô tinha cabelo grisalho fino, bem ralo no alto da cabeça, orelhas grandes e óculos de aro preto. O escalpo e as mãos eram cheios de pintas da idade. Quando ele sorria, ficava igualzinho ao meu pai.

— Uma mulher notável — disse ele, lendo o nome da minha mãe.

Minha avó morreu quando eu tinha apenas dois anos, e meu avô não se casou de novo. Morava sozinho em uma casinha no alto de um vale, em uma pequena vila no sul de Londres. Ele jogava golfe e *bridge* e cuidava dos arbustos e das flores que vovó Jean tinha plantado. Naquele momento, desejei que meu pai pudesse ser como ele, eternamente leal à lembrança da minha mãe. Como ele podia estar pronto para seguir em frente, quando eu ainda mantinha tanto apego ao passado?

— Uma mulher notável — repetiu meu avô.

Tiramos algumas folhas caídas no túmulo e espanamos o pó da lápide com a nossa roupa.

A recepção do casamento do meu pai com Shirlee ocorreu no terreno da mansão na qual filmaram o filme *Poliana*, quatro décadas antes. Os donos atuais, nossos vizinhos, estavam reformando a casa, mas disseram que eles podiam usar o grande jardim. No decorrer do dia, as pessoas me procuraram e me deram abraços apertados. Foram as mesmas pessoas que me abraçaram três anos antes, no funeral da minha mãe — meus tios, meus padrinhos, os amigos da minha mãe —, e elas disseram o mesmo tipo de coisa que disseram na época: "Ligue a qualquer hora. Estamos aqui se precisar de nós. Ela estaria muito orgulhosa de você." Mais tarde, Jamie e eu posamos para fotos com Shirlee e David, um retrato da nossa nova família. Olhando para as fotos depois, quase me surpreendi ao ver a minha própria imagem na foto. Eu mal me lembro de estar presente no evento.

Embora não houvesse nenhuma caixa nem carta para esse dia, meus pensamentos se voltaram para o baú de papelão e para o envelope grosso com as palavras *Noivado de Gwenny*. Naquele momento, eu achava que nunca mais ia querer ir a outro casamento na vida. Ainda assim, eu desejava todas as palavras que sabia que estavam dentro daquele envelope, esperando por mim, com a intenção de responder às perguntas que uma filha costuma fazer à mãe no dia em que ela decide unir sua vida com a de outra pessoa. Deixo meus pensamentos vagarem pela janela do meu quarto e descerem a rua arborizada. Deixo que eles me levem de volta ao cemitério pelo qual passeei com meu avô no dia anterior. Na minha mente, eu tomei o caminho coberto de folhas grossas de carvalho até o túmulo da minha mãe e coloquei um buquê de peônias cor-de-rosa na terra.

No início, as mudanças foram pequenas. Eu voltava para casa e via uma cozinha que parecia um pouco diferente. Levaria alguns minutos, ou talvez horas, para perceber que o relógio da cozinha com mostrador de legumes tinha sido trocado por outro com números, ou que os entalhes da vovó Liz tinham sido trocados por quadros de vitórias-régias. À medida que o verão foi passando, porém, a casa foi perdendo todas as evidências de que outra mulher, outra família, tinha morado ali. As cartas de *Alice no País das Maravilhas* e os flamingos cor-de-rosa desapareceram da entrada, as ilustrações de *O Mágico de Oz* sumiram das paredes, e, uma noite, algumas semanas depois do casamento, nós nos sentamos para comer em uma sala de jantar totalmente desprovida de peixes em origami. As mudanças aconteciam como num passe de mágica, sempre quando eu não estava prestando atenção. Um dia, cheguei em casa da escola, senti o cheiro de tinta fresca e percebi que a sala de estar não estava mais vermelha. Nenhuma mudança era discutida com antecedência. Tentei ficar atenta às coisas à minha volta, como se isso pudesse proteger tudo que eu via. Comecei a sentir um novo tipo de ansiedade em relação aos objetos e ao significado de sua presença ou ausência em um espaço.

— Por favor, só não tire os gansos — supliquei certa noite.

Por anos, um suporte de panos de prato com forma de três gansos sobressaía na parede ao lado da pia da cozinha.

— Você não é muito observadora — retrucou Shirlee, apontando para o suporte circular de inox que ela tinha colocado em seu lugar.

Teve uma vez que eu quis fazer os biscoitos de aveia da minha mãe e não consegui encontrar a caixinha de receitas em forma de cabana de madeira que Jamie fizera de presente de Natal para mim, tantos anos antes. Procurei nas prateleiras mais altas e nos armários mais baixos, até mesmo no sótão, onde muitas das coisas da minha mãe começaram a se acumular. Finalmente perguntei para o meu pai onde estava, e ele prometeu me ajudar a procurar. Mais tarde naquela noite, ele entrou no meu quarto para me dizer que Shirlee a tinha jogado fora por engano. Fiquei profundamente mais sentida pela perda daquela caixinha do que pelo cordão de coral. Para mim, aquilo representava minha mãe, pelas receitas, e meu irmão, pelo artesanato. Eu sentia saudade dos dois todos os dias em que acordava em uma casa sem a presença deles, e esse desaparecimento começou a representar, na minha mente, tudo que estava sumindo ao meu redor.

David veio morar com a gente. Ele ainda passava tempo com o pai, mas nossa casa era mais perto da escola. Ele precisava de um quarto, então esvaziaram o antigo quarto da minha mãe, tirando de lá suas caixas de linhas de bordado, seus exemplares de Dickens e Agatha Christie, seus livros sobre filosofia, maternidade e morte. A cabeceira de carvalho entalhada foi substituída por uma de pinho. A poltrona foi para o lixo. Eu sabia que David precisava de um quarto, mas não consegui evitar a tristeza pela perda daquele cômodo tranquilo no qual eu passara tantas tardes, e não conseguia superar o pânico que sentia sempre que voltava para casa e deparava com uma versão ligeiramente diferente de um lar que antes eu conhecia tão bem.

Aniversário de dezesseis anos:

Você e seu pai escolheram este colar para mim, e eu o usava o tempo todo, até ter que começar a passar muito tempo em hospitais, onde não permitem o uso de joias. Você implorou que eu o deixasse com você, então aqui está. Com todo o meu amor.

Beijos, mamãe.

Meu pai disse que um dia, quando os pretendentes viessem me chamar para sair, ele mostraria para eles alguns zircônios brancos idênticos e pediria que dissessem qual deles era o diamante verdadeiro. E ele de fato comprou as pedras, que guardava em uma caixinha esmaltada, junto com um pedaço de tecido de joalheiro verde sobre o qual poderia espalhá-las.

— E qual é a pedra verdadeira? — perguntei, estreitando os olhos.

— Nenhuma — respondeu ele. — Todas são falsas. Só quero ver se vão olhar com atenção.

Revirei os olhos e devolvi as pedras cintilantes para a caixa.

— Você é o verdadeiro diamante — disse meu pai, apoiando a mão no meu ombro. — É importante que você saiba disso.

Mas meu pai nunca chegou a fazer o teste com as pedras. Meu primeiro namorado nem passou pela porta da frente para me convidar para um encontro. Na verdade, ele foi se revelando aos poucos.

Eu conhecia o Zach desde o terceiro ano do ensino fundamental. Na época, ele tinha uma cabeça incomumente grande, com cabelo castanho volumoso cortado no estilo tigela e grandes olhos azul-acinzentados com cílios longos. Era baixo para a idade e batia no meu ombro. Eu ria à beça com Zach quando ele esvaziava a mochila de lona, a enfiava na cabeça e ia se cobrindo até só restar os pés de fora. Ele tinha uma leve gagueira que ia e vinha como a chuva, mais pronunciada alguns dias e bem discreta em outros. Eu gostava do Zach porque ele conseguia resolver cem problemas aritméticos curtos em quatro minutos, enquanto eu sempre levava cinco.

No fundamental I, Zach me convidava para ir à casa dele jogar videogame. Nós ficávamos no sofá do porão, que era forrado com um lençol de algodão azul. Meu irmão e eu crescemos jogando no computador, mas nunca tivemos um Nintendo. Eu morri instantaneamente nas primeiras vezes que tentei controlar Mario pelo mundo bidimensional de canos; depois disso, eu basicamente assistia enquanto Zach ia saltando de bloco em bloco, esmagando tartarugas e cogumelos e coletando moedas douradas e cintilantes pelo caminho. Eu amava isso do mesmo jeito que amava assistir ao Jamie jogar Warcraft. Havia algo no jeito que eu ficava ao lado deles, nossa atenção concentrada nas mesmas imagens iluminadas. Eu imaginava que meus pensamentos poderiam ajudá-lo a fazer Mario saltar um grande abismo e salvá-lo de um casco de tartaruga.

No verão entre o primeiro e o segundo ano do ensino médio, Zach foi espichando cada vez mais, até ficarmos com a mesma altura. Nós costumávamos voltar andando da escola e, na maioria das vezes, parávamos no portão da minha casa, perdidos em conversas. Fazíamos parte do clube de debates, e eu admirava a forma como ele pegava uma única questão — É ético comer carne? Como deveria funcionar a admissão nas universidades? Deus existe? — e ia trabalhando nela como um passarinho tentando abrir uma semente, em busca de uma resposta que parecesse definitiva. Ficávamos em lados opostos de um assunto e íamos discutindo até chegar a um impasse, depois trocávamos de lado e continuávamos. Discutíamos até termos que sentar no chão áspero de concreto da entrada, até nossa garganta ficar seca. Não lembro quando as conversas passaram da entrada para o meu quarto; só lembro que nos beijamos pela primeira vez sentados na minha cama. Foi como se todas aquelas conversas tivessem nos levado até ali.

No meu aniversário de dezesseis anos, Zach e eu fomos ao cinema com um grupo de amigos assistir ao filme *Em Busca da Terra do Nunca*. Compramos refrigerante, sacos grandes de pipoca coberta de manteiga e caixas de bala de menta. Quando começou o trailer, Zach e eu lambemos os dedos e ficamos de mãos dadas.

— Feliz aniversário — sussurrou ele ao pé do meu ouvido quando as luzes se apagaram, e eu senti todo aquele lado do meu corpo formigar.

Naquela manhã, eu tinha tirado do baú a pequena ametista triangular presa na fina correntinha de ouro.

Eu me lembrava de quando tinha comprado aquele colar com meu pai. Eu devia ter sete ou oito anos. Guardei o dinheiro da mesada e, quando a mulher da joalheria nos disse o preço, entendi que ele custava um dólar e alguns centavos, e rapidamente abri minha mochila jeans. Meu pai e a mulher riram e explicaram que o colar custava *cento* e setenta e cinco dólares. Fiquei vermelha enquanto fechava a mochila de novo. Meu pai pousou a mão no meu ombro e disse que ia cuidar disso. Eu amava o colar, mas fiquei triste por não o ter comprado com meu próprio dinheiro. Por anos depois disso, eu pegava o colar no porta-joias da minha mãe e brincava com a pedrinha triangular entre os dedos. Eu gostava do jeito que ela havia sido fixada na corrente, ocupando sempre o meio. E gostava do jeito que ela se aninhava perfeitamente no ponto entre as clavículas da minha mãe.

Também havia um presente para comemorar minha carteira de motorista, uma bolsinha de couro com as minhas iniciais gravadas em um chaveiro, para eu guardar as moedas para o parquímetro. O bilhete dizia:

Gwenny DIRIGINDO... Meu Deus! Que maravilha!! Por favor, tenha cuidado, use cinto de segurança e dirija com cautela.

Beijos, mamãe

Na manhã do meu aniversário, fui ao Departamento de Automóveis antes da escola para pegar minha carteira de motorista e ir dirigindo o Volvo azul de terceira mão. A bolsinha de couro pendia da chave enquanto eu dirigia para a escola. Meus amigos deram gritinhos ao ver o sedã velho como se estivessem diante de uma Ferrari.

Se a minha mãe mal podia esperar para se formar, eu desejava que a minha formatura nunca chegasse. Aos dezesseis anos, eu tinha namorado, carro e quatro amigas maravilhosas. Margaret era artista e uma romântica incurável, embora escondesse isso sob um exterior durão e engraçado que ela desenvolvera por ter dois irmãos. Erica era do coral e usava óculos de sol enormes. Dirigia uma Mercedes branca e sempre tinha cheiro de baunilha. Emma tinha assinaturas de revistas de moda, tinha CDs de bandas desconhecidas e comprava roupas na American Apparel em São Francisco. Freesia fazia parte de quase todos os comitês e clubes da escola, e também fazia parte da equipe de nado sincronizado. Ela parecia compartilhar comigo a nostalgia pelo passado e amava tirar fotos da gente e revelá-las depois, na sala escura da aula de fotografia. Nós cinco e Zach nos autodenominávamos os Seis Sensacionais, e eles se tornaram minha válvula de escape de toda a tristeza e ansiedade que agora sentia em casa. Passávamos a maior parte dos fins de semana espremidos em um único carro, passeando pelos quarteirões organizados da nossa cidadezinha, aprendendo seus caminhos e buscando esconderijos. Nosso lugar favorito era o alto de uma colina que dava para o sul da cidade. Para chegarmos lá, precisávamos subir uma ladeira íngreme e sinuosa, que fazia o motor do meu Volvo roncar e protestar enquanto subíamos.

— Vai! Vai! — gritávamos, enquanto eu pisava fundo no acelerador.

Lá em cima, pulávamos uma cerca baixa, ignorando a placa de PROIBIDA A ENTRADA, com a audácia que herdei do meu pai (minha característica de respeitar as regras se limitava à escola). O terreno tinha um contrato de construção que parecia que nunca ia começar. Seguíamos até o nosso lugar favorito para observar as estrelas e às vezes levávamos uma garrafinha de plástico cheia de tequila ou vodca para dividir entre nós, dando pequenos goles para durar mais.

Nossa cidade se abria diante de nós, composta de luzes fortes e ruas com trânsito cintilante. No sudeste, eu conseguia ver a igreja da Nossa Senhora dos Agitadores de Máquinas de Lavar, como vovó Liz chamava a igreja católica com seu pináculo alto e branco que lembrava um agitador de máquina de lavar. Bem abaixo de nós brilhava um letreiro em neon cor-de-rosa do Flamingo Hotel, no qual amigos e familiares se hospedavam quando vinham visitar minha mãe e nossa casa já estava cheia de hóspedes. Eu não sabia o nome das constelações no céu noturno acima de nós, mas os pontos de referência nas ruas eram tão familiares para mim quanto meu nome.

— Vejam só — eu falava, apontando. — Nós moramos no melhor lugar do mundo. Por que alguém ia querer ir embora?

***

No nono ano, encontrei meu lugar no clube de teatro, e passei a ter duas horas de aula de atuação todos os dias, com hora extra depois da aula quando estávamos ensaiando uma peça. Nosso curso era uma combinação de Stanislavski, Michael Chekhov, Meisner, Laban e Uta Hagen. Estudamos "memória afetiva", a técnica de usar eventos reais do nosso passado para acessar os sentimentos de um personagem fictício. Trabalhávamos para sermos espontâneos por meio de exercícios de repetição, tentando ultrapassar a "atuação" e encontrar algo mais autêntico. Praticamos "imbuir" objetos de significado emocional, para que pudéssemos vivenciar em um palco as mesmas coisas que experienciávamos na vida real. Quando eu passava pela pesada porta de metal e entrava naquela caixa preta, poeirenta e sem janela, cheia de luzes coloridas, eu sentia que estava deixando a escola para trás e fazendo uma arte tão vital quanto qualquer outra no mundo dos adultos.

Para muitos atores, o prazer do trabalho vem de se transformar em outra pessoa, mas, para mim, o prazer e o alívio vinham sempre da oportunidade de me tornar mais eu mesma. Eu raramente conversava com os meus colegas, ou mesmo com meus amigos mais próximos, sobre a morte da minha mãe. A maioria das pessoas que estudavam comigo nunca tinha vivenciado a morte tão de perto, e eu nunca precisei desenvolver um vocabulário para isso. Eu conseguia ver um véu cobrir os olhos deles quando mencionava o assunto. Eles não tinham intenção de ser indelicados; simplesmente não faziam ideia do que eu estava falando. Mas, no teatro, os personagens enfrentavam desafios muito maiores do que os que experimentei. Mulheres eram agredidas pelos parceiros de vida e se suicidavam. Pais perdiam os filhos em acidentes ou em guerras. As pessoas morriam de fome e sangravam e eram expulsas, e a atuação exigia que nós sentíssemos tudo isso. As emoções que eu me esforçava para controlar em todos os outros contextos da minha vida eram bem-vindas ali. No palco, elas eram uma vantagem. Na primeira vez que apresentei um monólogo e chorei, ergui o olhar e vi que a turma toda estava chorando comigo, e senti que tinha recebido as chaves para a minha liberdade emocional. Eu poderia comunicar como me sentia por meio das palavras de outras pessoas, já que não conseguia fazer isso com as minhas.

Aos dezesseis anos, Tippy, uma cadela que sempre tinha sido extremamente saudável, começou a dar sinais de doença. As patas traseiras ficaram duras com artrite, os olhos de cores diferentes foram cobertos pelo véu da catarata, e ela perdeu o controle intestinal. Por sugestão do veterinário, escolhemos uma data. Acabou sendo um dos dias bons dela e, quando a colocamos no carro, ela abanou o rabo de ponta branca que inspirara seu nome, como se quisesse nos fazer repensar a decisão.

Na sala de espera, o veterinário tinha pendurado uma série de quadros com diferentes raças de cachorro organizadas por tamanho. Meu pai e eu fizemos um jogo de apontar e adivinhar qual era a raça de cada um, e dávamos risada. Shirlee, que estava chorando desde que entrou no carro, pareceu horrorizada, e meu pai e eu tentamos nos adequar ao momento. Eu achava frustrante que a tristeza dela pela cadela fosse tão grande. Nem meu pai nem eu respondemos à morte iminente de Tippy com lágrimas. De alguma forma, elas teriam sido insuficientes. Tivemos outros animais de estimação ao longo dos anos — um segundo periquito e um hamster que eu vergonhosamente negligenciei —, mas Tippy sempre estivera lá. Não consigo me lembrar de um momento em que ela não estivesse presente.

Eu nunca tinha testemunhado o momento em que a vida se esvai do corpo. Quando Tippy se deitou na maca de metal, coloquei as duas mãos sobre o seu corpinho. *Ela está prestes a descobrir o segredo da morte*, pensei. Fechando os olhos, desejei que um pouco da experiência me fosse revelada, algum vislumbre de para onde Davey, vovó Liz e minha mãe tinham ido. Em vez disso, senti apenas um ligeiro tremor quando a agulha perfurou sua pata e, depois, ela ficou imóvel.

No dia seguinte, liguei para Jamie da privacidade do meu carro para contar que Tippy tinha partido.

— Ah... — lamentou ele, a única sílaba sendo capaz de passar todo caleidoscópio de tristeza, gratidão e aceitação, o mix de emoções que vem quando se perde uma velha amiga depois de uma longa vida. Então ele disse: — Na verdade, eu tenho uma coisa para te contar também.

Uma vez, quando ficou muito zangado comigo, meu irmão extravasou a raiva no meu quarto. Ele tinha uns doze anos, e eu tinha feito algo muito grave, mas não faço ideia do que era. Passei pela porta, molhada depois de um mergulho na piscina, com a toalha enrolada na cintura. Parei no batente, ligeiramente ciente de que tinha acontecido alguma coisa. Alguns livros estavam espalhados no chão diante da prateleira, as cobertas da cama estavam bagunçadas e a pequena cadeira de balanço da minha boneca estava de cabeça para baixo, embora a própria boneca estivesse sentada ali perto, intocada. O quarto parecia ter passado por um pequeno terremoto. Fiquei observando a bagunça e voltei para a piscina, onde Jamie ainda estava na parte mais funda.

— Você foi ao meu quarto mais cedo?

— Desculpa — disse ele na hora, nadando em direção à escada de metal. — Vou colocar tudo no lugar agora mesmo.

Contei essa história para o meu namorado, que também tinha irmãos mais velhos, e ele caiu na risada. Depois disso, sempre a contava quando queria demonstrar a dinâmica entre meu irmão mais velho e eu. Em algumas versões, eu enfatizava o contraste entre o estoicismo de Jamie e a minha volatilidade. Em outras, era uma história sobre a ansiedade social de Jamie e sua dificuldade de expressar raiva ou frustração ou mesmo de se defender. Ambas as interpretações tinham um fundo de verdade, embora nenhuma delas revelasse por que eu continuava contando a história. Eu a recontava porque isso me fazia sentir uma onda tão imensa de carinho pelo meu irmão que eu poderia me sentar e chorar. Era uma história que mostrava como ele era amoroso e carinhoso comigo, e também sobre por que eu queria protegê-lo das turbulências do mundo com todas as forças.

Jamie estava no último ano da faculdade, e sua namorada, Sally, tinha se formado um ano antes. Eles tinham vinte e dois e vinte e três anos, e ela estava grávida. Eles não sabiam ainda, mas teriam gêmeos.

    Enquanto ele falava as palavras pelo telefone — "camisinha estourou", "pílula do dia seguinte", "escolha dela" —, eu o visualizei aos doze anos, virando a cadeira de balanço da minha boneca para a posição correta e a colocando sentadinha ali. O garoto daquela lembrança parecia muito novo, mas apenas dez anos o separavam do homem ao telefone. Senti o medo crescente no meu peito enquanto pensava no que aquilo significaria para ele nos próximos anos. Aquilo significava que Jamie não voltaria para a Califórnia depois da formatura. A família de Sally morava na Carolina do Norte, então era provável que ele ficasse na Costa Leste para sempre. Apoiei a cabeça no vidro da janela. Fiquei me sentindo incrivelmente sozinha, como se todo mundo que eu amava estivesse me abandonando. Era a minha velha luta contra o tempo. Não adiantava. Por mais que eu quisesse, o mundo nunca parava.

— Preciso pedir um favor — disse Jamie ao telefone.

— Claro — respondi. — Qualquer coisa.

— Preciso que você vá ao meu quarto e abra o baú. Sei que tem uma caixinha com um anel de noivado. Preciso que você encontre e me diga se é um anel bonito.

O baú de Jamie continuou no quarto dele de infância durante a faculdade. Ele abria seus presentes quando voltava para casa no verão ou no Natal. Às vezes, se esquecia de abrir. Ele não parecia precisar deles do mesmo jeito que eu. Talvez ele tenha absorvido mais da nossa mãe quando ela ainda estava viva. Jamie e eu nunca falávamos dos presentes nem das cartas que encontrávamos no baú. Eu raramente falava sobre aquilo com alguém. Para mim, era algo extremamente particular, e Jamie também era uma pessoa muito discreta, então apenas presumi que ele não ia querer falar sobre aquilo. A não ser pela vez em que vi o interior do baú dele, quando tentei convencê-lo a levar seu presente de dezoito anos para a América do Sul. Mesmo com sua permissão, senti que fazia algo proibido quando entrei no quarto de Jamie e levantei a tampa de vime.

Havia poucas coisas — Jamie era mais velho —, mas os pacotes restantes pareciam exatamente como os meus, uma coleção de caixas pequenas e coloridas com uma etiqueta e amarradas com um laço. Logo identifiquei a palavra *Noivado* e peguei a caixa.

O anel era de ouro com um diamante solitário de lapidação redonda. O bilhete dizia que o anel tinha sido da avó do nosso pai. Tirei uma foto com o meu celular dobrável e mandei para Jamie com a legenda: O ANEL É BONITO.

Na manhã da minha formatura do ensino médio, senti o corpo pesado, como se estivesse cheio de areia. Parecia que aquilo era o fim de tudo. Em alguns meses, todos os meus amados amigos se espalhariam como folhas, indo para universidades ao sul do estado e do outro lado do país. Zach tinha conseguido uma admissão antecipada para Stanford, e eu ia para o Leste.

No outono anterior, passei por todo o processo de escolha de universidades como uma sonâmbula, fazendo as inscrições como se estivesse lançando dardos em um quadro sem números. Eu não fazia ideia de onde queria estudar, porque não queria ir para lugar nenhum. Tinha transferido todo o amor que sentia outrora pela minha casa para a cidade à sua volta, e queria ficar ali. Solicitei meu histórico, escrevi as redações e preenchi os formulários financeiros, tudo em um estado aterrador de dissociação. Meu pai, que não conhecia o sistema universitário dos Estados Unidos, me deixou fazer tudo sozinha, e, sem a ajuda de uma das amigas dos meus pais, uma advogada que levava minha educação muito a sério, talvez eu não tivesse me inscrito em nenhuma instituição. Sem nenhum motivo específico, acabei escolhendo uma pequena universidade de artes liberais em Boston chamada Tufts. Quando enviei o e-mail avisando para eles que ia me matricular, senti que estava de pijama no meio de uma rua movimentada, passando de um pesadelo para outro.

Levantei da cama e fui engatinhando até o baú de papelão. Eu o puxei por uma das alças de latão e me sentei de pernas cruzadas à sua frente. Àquela altura, abrir o baú já tinha se tornado um ritual familiar, como acender velas de aniversário ou enfeitar a árvore de Natal. Abri as duas trancas de uma vez e fiquei feliz ao ouvir o som do metal, amplificado pelo eco oco da caixa. Coloquei as mãos dos dois lados da tampa arredondada e a levantei, saboreando a ligeira resistência das beiradas laminadas que grudavam. Dois conjuntos de dobradiça deslizaram silenciosamente, abrindo a tampa.

Ao longo dos anos, fui pegando as caixas da camada superior, e as que sobraram ficaram soltas. Sob o caderno de desenho de capa preta, algumas das caixas menores tinham tombado. Algumas fitas tinham perdido as ondas, algumas etiquetas estavam um pouco amassadas. A caixa na qual se lia *Formatura do ensino médio* era um retângulo achatado, maior do que a maioria das outras. Em vez de ser de metal ou papelão, era feita de veludo azul. Tirei a fita e passei as mãos na superfície macia. O estojo se abriu e revelou uma fileira de pérolas leitosas. O bilhete me direcionava para a página 22 do caderno de desenho.

Formatura de ensino médio da Gwenny.

Querida Gwenny,
Espero que este cordão seja tão útil para você quanto foi para mim.

Minha família parece ter a tradição de presentear as meninas na formatura do ensino médio com um colar de pérolas (ou pelo menos Antoinette ganhou). Bem, talvez por eu ter escolhido estudar em uma escola pública no ensino médio contra a vontade do meu pai, ou talvez por ter pulado o último ano, nunca recebi um colar de pérolas. Então, depois que me formei em administração, saí em uma breve aventura pelo Japão e comprei algumas pérolas, as quais levei para a Shreve's, em São Francisco, para serem transformadas em um colar. Finalmente meu colar de formatura. Eu o usei muito — no casamento, no seu batizado e no de Jamie —, em todas as ocasiões importantes.

Beijos, mamãe

As pérolas fizeram um som de uma pequena maraca quando as tirei do estojo. Passei os dedos em cada uma das contas, tentando controlar a respiração. Eram lindíssimas, mas não tinham a menor utilidade para mim. Não sei o que eu esperava encontrar naquela caixa. Um alçapão que me transportasse para uma outra realidade, na qual nunca precisaria sair de casa? Mas minha mãe costumava antecipar minhas necessidades antes mesmo que eu mesma soubesse do que precisava.

Eu me sentei no chão do meu quarto, na casa onde minha mãe tinha morrido, na cidade em que ela vivera. Uma linha traçada da casa da infância dela até as escolas de ensino fundamental I e II e a de ensino médio, e finalmente ao lugar onde ela foi enterrada, tudo isso abrangendo apenas quarenta quarteirões da cidade. Aquele tinha sido o cenário da vida dela, assim como o da minha. Ainda assim, aos dezessete anos, ela tinha aproveitado a oportunidade de curtir uma aventura, agarrando-a com todas as forças, tão ansiosa para sair de casa que nem esperara o diploma. Ela expandira o escopo da vida e só voltou para o lugar onde tudo começara para ter filhos. Eu queria pular toda a parte da aventura e continuar exatamente onde estava. Esperava que o presente de formatura fosse me oferecer uma forma de ficar; em vez disso, minha mãe me deu a coisa que *ela* desejara quando tinha a minha idade: aquele conjunto de pérolas, um reconhecimento formal de que ela estava pronta para a vida adulta.

A formatura durou apenas meio turno para os formandos. Passei a manhã com os Seis Sensacionais, escrevendo mensagens no anuário de cada um e fazendo planos para o verão. Na hora do almoço, fomos de carro até nosso restaurante mexicano preferido e nos apertamos em uma mesa para quatro pessoas. Eu me acomodei no colo de Zach. Fizemos uma fileira dos copinhos de plástico com os diferentes molhos: verde, vermelho, apimentado, *pico de gallo*. Pedimos nachos para todo mundo. Margaret e Erica dividiram um burrito. Freesia tomou uma orchata. Foi tudo exatamente igual às outras centenas de vezes que fomos lá. Eu queria prender todos naquela mesa e nunca mais deixar nenhum deles sair dali. Eu já estava com o vestido azul de seda que escolhi para usar por baixo da beca de formatura. Deixei cair um pouco de molho na bainha, encharcando o tecido antes de conseguir limpar.

O sol iluminava o campo de futebol quando o grupo de quinhentos formandos se sentou nas cadeiras pretas dobráveis. De acordo com a tradição, alguns alunos tinham escondido bolas infláveis de praia por baixo da beca, as quais eles encheram e começaram a jogar de um lado para o outro. Sempre que uma aparecia, o vice-diretor corria pelo campo para confiscá-la. Depois de alguns minutos, outra aparecia em meio à multidão. Meus amigos estavam sentados longe de mim por conta da ordem alfabética.

Ouvi em algum lugar que as pérolas absorvem a oleosidade da pele humana e isso as deixa mais fortes. Pérolas sem uso logo ficariam secas e quebradiças. Toquei nas esferas macias e as fiz rolar pelo meu colo. Cada vez que minha mãe as usou, elas absorveram um pouquinho dela. Ela nunca se sentou neste campo entre os outros alunos, jogando bolas de praia pra lá e pra cá e ouvindo a voz do diretor no microfone. Ela não foi na própria formatura, mas uma pequena essência, destilada do seu corpo, estava presente ali, naquelas pérolas e em mim. Quando ouvi meu nome, me levantei, atravessei o gramado e estendi a mão para pegar o canudo de papel que o diretor tirou de uma pilha de quinhentos cilindros idênticos. Enquanto eu caminhava, imaginei a garota que eu conhecia das fotografias em preto e branco me acompanhando, com trinta e sete anos de atraso, cruzando aquela linha importante que definia o fim da infância.

Jamie se casou naquele verão em Durham, Carolina do Norte. Eu e as outras damas de honra usamos vestido vermelho. A cerimônia aconteceu ao ar livre, e mosquitinhos não paravam de picar meus tornozelos enquanto eu ficava de pé na grama, segurando um buquê de gérberas e esperando a noiva caminhar entre as fileiras de cadeiras dobráveis. Ela estava linda e bem grávida enquanto deslizava na nossa direção.

O jantar de casamento foi um churrasco. Caminhei entre as mesas com uma taça de champanhe que tinha recebido autorização para tomar. A grande família da nossa mãe e a pequena do nosso pai se reuniram para desejar felicidades para Jamie naquele novo capítulo da sua vida. Na presença de tanta gente que eu associava à nossa mãe, foi fácil imaginá-la ali também, em algum lugar na multidão, talvez cuidando do bufê ou da música nos bastidores.

Por muitos verões durante minha infância, eu fui apegada demais à minha família para me inscrever em uma colônia de férias, até mesmo naquelas que só duravam um dia. Minha mãe resolveu o problema criando seu próprio acampamento de verão, que ela organizava no nosso quintal. Ela o chamava de Escola de Bolso e convencia os pais de algumas crianças da vizinhança a deixarem seus filhos irem à nossa casa todos os dias. Com o dinheiro, ela contratava um palhaço, um naturalista e um contador de histórias. O palhaço, cujo nome profissional era Hoopla e que já tinha trabalhado para os Ringling Bros., nos ensinou a pintar o rosto, fazer malabarismo e andar com pernas de pau. O naturalista nos ensinou a identificar plantas e pássaros e nos levou a passeios pelo campo até Marin Headlands para observar árvores e formações rochosas. O contador de histórias ensinava história e mitos antigos.

Em um verão, ela contratou uma professora de teatro que organizou uma peça com base em *The Fools of Chelm*, uma coleção de contos iídiche sobre uma cidade repleta de tolos que se achavam muito sábios. Alguém gravou a produção em um vídeo caseiro e tremido por cima da cabeça de uns trinta espectadores, amigos e familiares, que se reuniram no quintal para ver nossa grande apresentação no final do verão. No canto inferior direito das imagens está minha mãe, assistindo a tudo de trás da plateia. Ela está com um vestido de linho lavanda e um casaquinho de manga curta combinando, e o cabelo escuro forma uma penugem de menos de um centímetro.

No palco, Jamie, aos doze anos, está representando o papel de um jovem chamado Yossel, que pede conselho à mãe sobre como deveria falar com a mulher que ama.

— É simples, meu filho — assegura Ella, minha amiga que está fazendo o papel de mãe, usando uma voz trêmula de mulher mais velha. — Você primeiro fala sobre amor, depois sobre família e termina com um pouco de filosofia.

Na cena seguinte, Jamie se senta para falar com a amada, Sossel, e segue o conselho materno.

— Diga-me, Sossel — começa ele —, você ama macarrão?

— Amo — responde Sossel. — Eu amo macarrão.

— E diga-me, Sossel — continua ele —, você tem irmãos?

— Não, eu não tenho irmãos.

Nesse ponto, Jamie se levanta para cochichar para o público:

— Isso vai ser mais fácil do que imaginei! Já falei sobre amor e família, agora só preciso terminar com um pouco de filosofia.

Jamie se senta de novo ao lado de Sossel e pergunta:

— Mas diga-me, Sossel, se você tivesse um irmão, ele também amaria macarrão?

O público adora a piada, e a nossa mãe ri e aplaude com todos enquanto assiste ao filho de doze anos ensaiar pedir alguém em casamento. Sempre que assisto a essa parte do vídeo, fico impressionada com o fato de que, em algum lugar dentro da casa atrás da nossa mãe, existe uma caixa com o nome de Jamie, já contendo um anel de noivado de diamante, pronto para quando a hora chegar.

Enquanto observava meu irmão cortar o bolo de casamento, eu desejava poder fazer alguma coisa, qualquer coisa, para tornar o caminho diante dele mais fácil. Eu não conseguia imaginar ter gêmeos aos vinte e dois anos. Mesmo com todo o apoio que eu sabia que ele receberia das pessoas reunidas ali, ainda me preocupava. Desejava tudo de bom para ele. Por um instante, achei ter tido um vislumbre do que a nossa mãe deve ter sentido ao colocar todos aqueles embrulhos no nosso baú: um forte desejo de nos confortar e nos proteger. Por um momento, achei que eu talvez entendesse, pelo menos um pouco, como era ser ela.

À medida que o verão chegava ao fim, a música "Boston", de Augustana, tocava sem parar no rádio, me fazendo suar frio enquanto tentava mudar de estação. *I think I'll go to Boston*, a música parecia debochar de mim, *I think I'll start a new life, where no one knows my name*. "Acho que vou para Boston. Acho que vou começar uma vida nova, onde ninguém sabe meu nome." As férias passaram rápido demais.

Nas últimas semanas de agosto, os Seis Sensacionais alugaram uma casa em Bodega Bay para um fim de semana prolongado. A casa custou 110 dólares por noite. As paredes de madeira estavam cinzentas pelo tempo e pelo ar salgado, não havia água potável nem isolamento térmico, e um fogão à lenha era nossa única fonte de calor. Mesmo em agosto, as noites na região norte da Califórnia eram frias, e todas as manhãs acordávamos tremendo de frio e íamos, de pijama, reavivar as chamas fracas do fogo que tínhamos acendido na noite anterior.

Saíamos para longas caminhadas na praia coberta por uma névoa fina, com os pés mergulhados até o tornozelo nas águas frias do Pacífico. Preparávamos comidas simples, tentando não colocar fogo na casa com o forno antigo. Ficávamos acordados até tarde e tirávamos cochilos no cômodo da frente, que tinha paredes de vidro e o sol o aquecia como se fosse uma estufa. Decidimos voltar para aquela casa todos os anos, pelo resto da nossa vida.

Escrevi todos os detalhes daquele fim de semana em folhas pautadas arrancadas do caderno de alguém. Escrevi o nome das pessoas que estávamos namorando e a universidade para a qual cada um estava indo — uma cápsula do tempo. Escrevi as últimas frases quando os outros estavam lavando a louça e tirando o lixo. Depois, todos nos sentamos à mesa da cozinha e eu li em voz alta a história do nosso fim de semana.

— Para que a gente sempre se lembre — falei. — Tipo, vamos fazer isso todo ano. Se não escrevermos os detalhes, os encontros vão começar a se misturar na nossa mente.

Enrolamos as páginas, as colocamos em um vidro vazio de molho de tomate e o enterramos sob um arbusto na frente da casa. No ano seguinte, íamos desenterrá-lo.

Freesia foi a primeira a partir, seguindo para a faculdade em Nova York. Fomos todos à casa dela para nos despedir antes de os pais dela a levarem para o aeroporto. Quando o pequeno Prius dourado estava com toda a bagagem e tudo estava nos conformes, ela de repente saiu correndo pela rua. Nós cinco corremos atrás dela, nos espalhando pela rua sem saída. Nós a alcançamos na esquina, onde a ruazinha se encontrava com a via principal.

— Não quero ir! — choramingou ela.

Meu coração ficou apertado em reconhecimento e alívio. Quando o momento de partir finalmente chegou, eu não era a única que queria fugir. Nós a acompanhamos de volta pela rua em um tipo de abraço grupal, todos ao seu redor, nossos pés encontrando o mesmo ritmo. Eu me senti como uma traidora enquanto a levávamos até os pais dela e a colocávamos no carro. Queria dizer que ela não precisava ir, que podíamos fugir juntas, ficar escondidas do jeito que fazíamos quando tínhamos doze anos e os pais dela iam buscá-la na minha casa e nós queríamos brincar um pouco mais. Nós cinco ficamos na calçada, acenando em despedida até ela sumir de vista. Alguns dias depois, Erica e Emma partiram para faculdades diferentes na região sul da Califórnia. Margaret estudaria na universidade local antes de pedir transferência, e Zach, que iria para Stanford, seria o último a começar a estudar.

Quando chegou a minha vez de partir, Zach me levou ao aeroporto. Pedi que o meu pai não fosse porque estava com medo de que, se ele fosse, jamais conseguisse entrar no avião. Zach precisou parar duas vezes na estrada para que eu vomitasse. Eu estava me sentindo terrivelmente alheia ao meu corpo e a mim mesma, como se os braços que seguravam minhas malas e as pernas que passavam pelas portas automáticas do aeroporto fossem de outra pessoa. Na porta, eu me virei para um último abraço, e só me dei conta de que estava chorando quando vi o rosto de Zach molhado com as minhas lágrimas. Ele me disse que ia dar tudo certo. Eu queria acreditar nele.

Eu me acomodei no assento do avião com um livro, o mais recente de uma série britânica que eu amava quando era pré-adolescente. Uma leitura reconfortante. As primeiras duas horas foram tranquilas, mas, em algum ponto acima do estado de Nebraska, perdi o controle da minha respiração.

No início, tentei disfarçar a respiração irregular e o esforço que fazia para inspirar e expirar escondendo meu rosto atrás do livro de capa dura cor-de-rosa. Depois, um som baixo começou a escapar pela minha boca, grunhidos e gemidos agudos, como os de um pequeno roedor em sofrimento. A mulher ao meu lado perguntou se eu estava bem. Assenti, sem conseguir articular palavras. As lágrimas caíam nos meus braços, no meu peito e no meu colo. Eu me encolhi o máximo que pude no canto do meu assento na janela, tentando controlar o que quer que fosse que estava transbordando de dentro de mim.

A minha vizinha de poltrona pressionou o botão para chamar a comissária de bordo, que apareceu alguns minutos depois.

— Acho que ela está passando por um momento difícil — disse a mulher ao meu lado. — Será que você poderia trazer um copo de água?

— Claro — respondeu a comissária para ela, antes de se dirigir a mim. — Você precisa de mais alguma coisa? Toma alguma medicação?

Tentei me comunicar por meio de gestos, dizendo que me sentia bem, que ia passar. Na verdade, eu não fazia ideia do que estava acontecendo ou se ia passar, mas não poderia aceitar a ajuda e a empatia que aquelas mulheres me ofereciam. Seria humilhante demais. Eu tinha dezoito anos e estava indo para a faculdade, mas, de repente, me sentia exatamente como me sentira aos oito anos, deitada no saco de dormir no chão do quarto de Becca, desejando que meu pai fosse me buscar.

Nas três horas finais do voo para Boston, tomei água e fiquei olhando pela janela, tentando controlar a respiração. Uma ideia estava começando a se formar na minha mente. Era bem simples: eu não ia para a faculdade. Por alguma razão, aquilo nunca tinha passado pela minha cabeça. A faculdade sempre pareceu uma terrível inevitabilidade, como aparelho ortodôntico ou vacina antitetânica, algo impossível de se recusar. O pensamento de não ir era como um porto seguro em meio a turbulências.

Liguei para casa assim que saí do avião no Aeroporto Logan.

— Como foi o voo? — perguntou meu pai do outro lado do país.

Falei que eu não ia para a faculdade. Ele disse que eu ia, sim.

— Vá encontrar o John — disse ele. — Vá para casa com ele e conversamos sobre isso depois.

Meu pai tinha acertado com John, o melhor amigo de faculdade da minha mãe e padrinho do meu irmão, que ele me levaria para a casa dele para passar aquela primeira noite. Ele era um homem alto e forte, com cabelo ralo e um rosto redondo e angelical. Foi fácil encontrá-lo, e ele me deu um abraço apertado e reconfortante. Ele tinha dois filhos e duas filhas.

— Bem-vinda a Boston — disse ele, e comecei a chorar.

John me levou a uma lanchonete, onde consegui comer algumas batatas fritas. Parecia que eu tinha deixado meu estômago em algum lugar na estrada para o aeroporto de São Francisco.

— Bem — disse ele, depois que eu desabafei —, acho que vai demorar um ou dois dias para conseguirmos um voo de volta para a Califórnia. Por que você não vem para a minha casa, e amanhã eu te levo ao *campus*? Você pode ir lá dar uma olhada só para ver como se sente.

Só para ver como se sente.

Quando eu tinha seis anos, fizemos uma viagem em família para Lake Tahoe para esquiar. Meu pai me matriculara em aulas de esqui, enquanto ele e Jamie iriam para a pista esquiar direto. Minha mãe tinha ficado em casa. Implorei ao meu pai que não me deixasse com os professores de esqui e todas aquelas crianças desconhecidas.

— E se você só ficar pela manhã? — sugerira ele. — Eu volto na hora do almoço para ver como você está. Só para você ver como se sente.

Passei a manhã aprendendo a formar um triângulo com os esquis e caindo à beça na neve fofa. Na hora do almoço, tiramos o casaco e comemos sanduíche de queijo e balas de caramelo de sobremesa enquanto assistíamos a desenhos animados. Eu ficava olhando por cima do ombro, esperando que meu pai aparecesse na porta, mas ele não apareceu.

Depois do almoço, enquanto todos se preparavam para sair, procurei um dos instrutores e expliquei que eu só deveria ficar pela manhã e que meu pai estava vindo me buscar.

— Você pode ligar para ele? Talvez ele tenha se esquecido da hora.

Eles foram bem pacientes ao me explicar que, se meu pai estava nas pistas, seria impossível falar com ele. Estávamos em 1995.

Eu me recusei a sair com as outras crianças, temendo que meu pai chegasse depois de eu ter saído. Um dos instrutores teve que ficar comigo a tarde toda enquanto eu esperava por ele. Quando ele finalmente apareceu, eu me atirei nos braços dele.

— Por que você não veio? — choraminguei contra o ombro dele.

— Eu vim — assegurou ele. — Espiei pela janela enquanto você estava almoçando e você estava se divertindo, então fui embora.

Passei a noite olhando para o teto do quarto da filha caçula de John. Revisitei minha decisão de ir para a Tufts, várias e várias vezes, me perguntando como aquilo tinha acontecido. Parecia que outra pessoa tinha tomado aquela decisão, como se eu tivesse dormido ao volante da minha vida e tivesse acordado de repente a milhares de quilômetros do curso.

— Esta não é a minha vida — fiquei sussurrando para mim repetidas vezes.

Tinha sido muito fácil fazer o que todo mundo estava fazendo em vez de considerar escolher outro caminho. O problema não era a Tufts, muito menos Boston. O problema era que eu estava vivendo meu pior pesadelo (me mudar para o outro lado do país) só porque não tinha imaginação para pensar em uma alternativa.

Olhei para o quarto de outra adolescente, para as fotos coladas no espelho, para a flor seca no canto de uma prateleira de livros, para os anuários empilhados na escrivaninha. Talvez ela também estivesse acordada no seu dormitório a centenas de quilômetros, com saudade de casa e deste quarto. Mas ela conseguira deixar a própria casa e partir para uma nova aventura. Meus amigos estavam conseguindo. Parecia que eu era a única incapaz de dar o próximo passo. Na minha idade, minha mãe já tinha viajado sozinha pela Europa. Se ao menos eu pudesse ter ido com ela! Imaginei nós duas passeando ao luar por uma rua qualquer de paralelepípedos em alguma cidadezinha grega, duas amigas rindo a caminho do albergue, lançando sombras na rua. Eu me senti mais sozinha do que na noite da morte dela, mais sozinha do que nunca.

Na manhã seguinte, consegui tomar um banho, mas não tive energia para secar o cabelo. Eu mal tinha pregado o olho, mas o meu cansaço tinha outras razões. Senti que alguém tinha arrancado a força vital do meu corpo. John me levou ao *campus* e andou comigo pelos gramados verdes. Ele sugeriu que eu fosse até o dormitório conhecer minha colega de quarto; a ideia me fez querer evaporar no ar quente de fim de agosto.

Do outro lado do gramado, uma garota veio correndo na minha direção, e eu a reconheci: era uma colega da escola.

— Oi! — disse Katie, me abraçando. — Você está péssima.

— Eu sei.

Eu estava feliz por ver um rosto conhecido e decepcionada por ter sido reconhecida quando tudo que eu queria era sumir.

— Vem comigo. — Ela me puxou pelo braço. — A cerimônia de matrícula vai começar.

Eu me sentei com Katie e os outros mil e duzentos calouros da Faculdade de Artes e Ciências sob a pérgola branca revestida de folhagens. Repeti o juramento de admissão, com os dedos cruzados às costas.

Naquela noite, conversei com meu pai pelo telefone de novo e implorei que ele me deixasse voltar para casa. Percebi a frustração na voz dele, que parecia sugerir que aquele era o resultado de todas as vezes que ele ia me buscar em colônias de férias e festas do pijama, todos os anos que ele tinha cedido à minha saudade de casa. Ele deveria ter colocado um fim naquilo antes. Então, ele ia colocar um fim agora. Não passou pela minha cabeça ligar para minha terapeuta. Senti que Judy não poderia me ajudar nisso. Seria como ligar para uma terapeuta de um barco naufragando.

— Quando eu remava na universidade — disse meu pai ao telefone —, perto do fim de uma competição todo o meu corpo ficava exausto. Tudo doía, e eu achava que seria impossível aguentar por mais um segundo. Tudo que eu queria era desistir e descansar. Mas eu seguia em frente, porque o barco estava se movendo, e se o seu remo não se mover, a água vai puxá-lo. Você continua seguindo o ritmo de quem está à sua frente e de quem está atrás, e o barco continua seguindo o curso. Somos mais capazes do que imaginamos.

Os remos enormes do meu pai, com os nomes entalhados de todos da equipe, ficavam pendurados na entrada da nossa casa. Entendi a metáfora, mas, ao mesmo tempo, me perguntei: *Como você pode ter certeza de que o barco está seguindo na direção certa?*

— Você consegue, Gwenny — disse ele. E depois: — Você é forte como a sua mãe.

Foi como levar um tapa na cara. Meu pai raramente mencionava minha mãe. Desde que Shirlee tinha se mudado para casa, ele quase nunca falava dela. Eu teria adorado ouvir essas palavras em milhares de ocasiões, mas agora ele estava usando aquilo para me manipular. Senti meu braço ficar dormente. Deixei o telefone cair no assento ao meu lado. Havia dois dias que eu tinha chegado em Boston, e já me sentia uma sombra. Como eu sobreviveria por quatro anos?

John se aproximou e pegou o telefone.

— Deixa eu trocar uma palavra com ele.

Ouvi ao longe uma parte da conversa que se seguiu. A voz geralmente suave de John foi ficando mais alta até ele dizer com firmeza:

— Sim, ela é forte como a mãe. E determinada como a mãe também. E toda essa determinação diz que ela não quer estar aqui.

Quando John me devolveu o telefone, meu pai disse:

— Olha, você tem acesso a todo o dinheiro que guardamos para este semestre. Se você quiser comprar uma passagem de volta, não vou impedi-la.

Naquela noite, eu finalmente dormi.

Em uma cena de um dos filmes favoritos do meu pai, a versão de 1939 de *O Morro dos Ventos Uivantes*, estrelada por Merle Oberon e Laurence Olivier, a heroína, Catherine, corre por um pântano encharcado de chuva, berrando pelo amor perdido, Heathcliff. O filme termina com os dois caminhando pelo mesmo pântano, unidos de novo depois da morte. Sempre que meu pai olhava para mim depois dessa parte, ele abria os braços e gritava "Catherine!" e eu respondia "Heathcliff!" e corria para um abraço.

Quando saí do avião em São Francisco, fiquei me perguntando se meu pai ia me encontrar e, se fosse, o que ele diria. Ele ainda estaria zangado? Ele me deixaria ficar em casa enquanto eu decidia o que queria fazer? Fiquei procurando ansiosamente entre as pessoas à espera no desembarque, enquanto eu descia pela escada comprida. No instante em que me viu, meu pai abriu os braços.

— Catherine!

— Heathcliff!

Alguns dias depois de voltar, eu me acomodei no sofá do consultório de Judy e tentei entender o que tinha acontecido. Tentei evocar meu senso de certeza, de convicção de que eu deveria retornar. Mas, de volta à Califórnia, só me senti idiota, envergonhada e perdida. O brilho rosado que eu via em Santa Rosa nos meus últimos anos de ensino médio, e que carreguei na lembrança durante a minha viagem para o outro lado do país, desapareceu no instante em que pisei lá de novo. Sem a escola e os meus amigos, tudo parecia vazio e sem cor. Eu tinha fracassado em seguir com a minha vida, e acabei ficando para trás.

Pela primeira vez nos doze anos desde que começara a me consultar com ela, Judy usou a palavra *depressão*. Parecia se encaixar no que eu estava sentindo — a apatia, o mundo cinzento, a profunda fadiga —, mas eu não conseguia entender o motivo de estar sentindo tudo aquilo agora. Eu não tinha ficado deprimida quando minha mãe morreu, nem quando Jamie partiu para a faculdade, nem quando meu pai se casou de novo. Minhas respostas emocionais para esses eventos foram fortes, vívidas e, às vezes, devastadoras, mas eu nunca tinha sentido aquele tipo de terror sombrio diante da perspectiva de encarar o dia de amanhã.

Fiquei patinando naquelas primeiras semanas em casa, me esforçando para manter uma rotina sustentável. Evitava encontrar conhecidos, envergonhada por ter que explicar por que eu ainda estava na cidade. Judy era a única pessoa que eu via regularmente e, toda semana, eu conversava com ela sobre a minha mãe. No passado, quando eu pensava na doença da minha mãe, sempre a via sob a minha perspectiva; mas, nas semanas e nos meses após retornar para casa, comecei a ficar obcecada, pela primeira vez, em saber como a experiência de morrer devia ter sido para *ela*. O vídeo a que Jamie e eu assistíramos juntos tinha me dado um pequeno vislumbre da perspectiva dela. De repente, eu estava sedenta por mais. Tentava me colocar no lugar dela. Tentava me imaginar diante da morte e da ideia de deixar dois filhos. Sentada no sofá de couro macio de Judy, eu ficava especulando em voz alta sobre como devia ter sido para ela acordar todos os dias com aquele peso. Como devia ser solitário estar morrendo quando todos à sua volta continuam vivendo.

Terminei com Zach em outubro. Eu odiava estar longe dele, mas sentia tanta vergonha por ter fugido da Tufts que nem conseguia ir visitá-lo em Stanford. Ele nem discutiu. Estava fazendo as próprias descobertas, forjando uma nova identidade, e devia ser difícil dividir o foco entre a vida na faculdade e a namoradinha de escola que ficou para trás. Em um ano, Zach se assumiria gay, algo que me surpreendeu no início, mas que acabou acelerando nossa evolução de ex-namorados para amigos da vida toda. Terminar tudo com Zach foi como cortar mais um fio que me prendia à normalidade. Eu não tinha aula, não tinha emprego, não tinha um relacionamento, e a maioria dos meus amigos se mudara para longe. Eu me sentia totalmente à deriva.

Mas eu tinha um lugar para ficar. Meu pai e Shirlee me deixaram ficar no meu antigo quarto. Não cobravam aluguel e me deixavam acrescentar itens à lista de compras. Eu também sabia que, se eles tivessem me colocado para fora, eu poderia ser acolhida por dezenas de parentes ou amigos da família. Eu tinha uma rede de pessoas dispostas a me dar apoio enquanto eu não descobria o que queria. Sem isso, não sei o que teria sido de mim.

Seis semanas depois de voltar para casa, entrei em contato com meu professor de teatro da escola, que me disse que a esposa dele estava dirigindo *As Vinhas da Ira* em um teatro no centro da cidade e talvez tivesse um papel para mim. Eu não receberia nada por isso, mas pelo menos sairia de casa todos os dias. Os ensaios da peça já tinham começado quando apareci no teatro em um fim de tarde. O elenco era grande, e, no decorrer dos anos, eu já tinha visto vários dos atores mais velhos atuando nos teatros locais. Por mais triste que eu estivesse me sentindo, estar em um teatro de novo, com iluminação, sons e cheiros conhecidos, estabilizou algo dentro de mim. Eu não tinha lido o livro de John Steinbeck, mas, enquanto assistia à adaptação de Frank Galati para os teatros se desenrolar diante de mim nas semanas que se seguiram, o poder daquele roteiro se provou inegável. O cenário da produção incluía um rio (uma calha rebaixada com água de verdade) que corria por toda extensão do palco, no qual os atores podiam submergir. Era maravilhoso o efeito quando um dos protagonistas pulava na água, molhando a primeira fileira de espectadores.

Eu não tinha nenhuma fala, mas ficava no palco durante a maior parte da peça, sentada perto de uma tenda ou de uma fogueira, enquanto os outros atores representavam a cena em primeiro plano. Também apareci dançando quadrilha em meio a uma multidão, e com aparência patética na beira de uma estrada poeirenta. Aprendi quanta especificidade e vida eu poderia dar a um personagem sem tirar o foco da história. Durante um dos ensaios, a diretora me entregou uma boneca de plástico enrolada em um cobertor e disse:

— Quero que você segure esta boneca no colo e faça o som de um bebê chorando, mas não quero ver seu rosto se mexer, está bem?

— Tá bom — respondi, sem ter a mínima ideia de como fazer o que ela estava pedindo.

Passei a noite treinando no meu quarto, até conseguir fazer um som que, embora não fosse exatamente o de um bebê chorando, talvez passasse por um gato sendo estrangulado a distância. Olhei no espelho e me certifiquei de que meu rosto não estava se mexendo. Essa habilidade, que eu chamava de "ventríloquo de bebê", veio muito a calhar em muitas peças subsequentes e continua figurando entre as minhas habilidades especiais de atuação até hoje.

Quando *Vinhas* saiu de cartaz, eu me vi mais uma vez sem nada para fazer. Comecei a buscar empregos de meio período em escritórios ou lojas, mas as horas que passava no teatro vendo uma peça virar realidade foram as únicas, desde o retorno de Boston, em que não me senti um fracasso completo. Fiz uma lista de todos os teatros em uma distância de meia hora de carro, e procurei por audições. Já era fim de outono, e a próxima produção era a peça anual de *Um Conto de Natal*, em um teatro em Sebastopol. Participei da audição.

Os ensaios para a peça aconteciam no início da noite, porque todos os outros atores trabalhavam durante o dia. Eu precisava de alguma coisa para preencher as oito horas entre acordar e ir ao teatro, e também de um emprego que pagasse mais do que os trezentos dólares que eu receberia no fim da produção. Por meio da indicação de um amigo, tive a sorte de conseguir fazer o papel de Alice em uma pequena adaptação de *Alice no País das Maravilhas* que fazia turnê pelas escolas de ensino fundamental I. Uma pequena peça com ensaio e apresentação durante o dia, e eu ganhava cem dólares por apresentação. Como meu pai me deixava morar em casa sem pagar aluguel, algumas apresentações de *Alice* por semana eram suficientes para cobrir as minhas despesas básicas.

Naquele Natal, Shirlee concordou que nossa casa fizesse parte da visitação de construções históricas organizada pela ONG Junior League. Nossa casa tinha apenas trinta anos, mas ficava em um bairro histórico, e isso parecia suficiente. Ela decorou os ambientes com galhos de pinheiro, azevinho, quebra-nozes e pilhas de caixas de presente prateadas. Eu ficava deitada na cama ouvindo os passos das pessoas que caminhavam pelos cômodos. Havia uma plaquinha na porta do meu quarto indicando que os visitantes não deveriam entrar. Eu sentia como se tivesse uma doença contagiosa, alguém que não podia viver em sociedade. Pela porta do meu quarto, ouvi David, o filho de Shirlee, conversando com alguém que tinha uma voz familiar. Abri uma fresta e dei uma espiada. Ele estava no corredor, conversando com uma amiga da família. David ainda morava em casa enquanto frequentava a faculdade local, algo que eu desejava ter pensado em fazer. A amiga perguntou por mim.

— E a Gwenny? Está gostando da Tufts?

— Ela desistiu — contou David.

— Sério? — Ela arqueou as sobrancelhas, parecendo preocupada.

— É — disse ele. — E Jamie engravidou a namorada.

Fechei a porta. *Verdade*, pensei. E comecei a imaginar minha mãe ouvindo o resumo que David fez da nossa vida.

Os gêmeos de Jamie nasceram alguns dias antes do Natal. Eu queria visitá-los, mas meu pai pediu que eu esperasse algumas semanas e o deixasse ir primeiro com Shirlee.

— Gente demais pode atrapalhar neste momento — disse ele, antes de acrescentar: — E quando nós três estamos juntos, a

Shirlee se sente excluída. Você e Jamie são tão próximos que isso pode ser intimidador.

Fiquei olhando para ele, desejando que ele pudesse se ouvir e retirar o que disse. Ele não fez isso, e eu fiquei para trás.

Os gêmeos eram bivitelinos e era bem fácil diferenciá-los, mesmo nos primeiros dias de vida. Na primeira foto juntos, os olhos de um dos bebês está bem aberto, observando o irmão dormindo como se dissesse: *Ah, então você é assim!*

Eu dormia no sofá da casinha alugada na qual eles moravam e tentava ser útil.

— É bom ter alguém para ajudar — disse Jamie. — Aprendemos que é melhor ter mais adultos do que bebês. Os números precisam estar a nosso favor.

Eu amava saber que era bem-vinda na família dele. Ao olhar para os quatro, dois pais e dois filhos, eu sentia que estava recuperando algo que tinha perdido havia muito tempo.

Depois das festas de fim de ano, fui selecionada para uma produção de *Oleanna*, de David Mamet, e depois para *On the Road* e, em seguida, *Sonho de uma Noite de Verão*. Ao todo, fiz oito peças naquele ano. Meu pai assistiu a todas elas, exatamente como quando eu estava na escola. Ele sempre me dava flores e dizia que eu estava maravilhosa. Durante aquele ano, aprendi a participar de audições; aprendi a me comportar nos ensaios e na peça, e o ritmo dos dias de um ator. O fato de poder passar um ano inteiro sem fazer nada a não ser trabalhar em peças não sindicalizadas é indicativo do enorme privilégio que eu tinha. Nunca ganhei muito dinheiro, mas cada dólar parecia um pequeno voto de confiança no futuro que me aguardava. Na primeira vez que recebi um cheque pelo correio referente ao meu trabalho de atriz, tive que controlar o impulso de emoldurá-lo.

Certo dia, no fim da primavera, fui ao sótão dar uma olhada nas caixas com as coisas da minha mãe. Eu não estava procurando por nada em particular, só queria estar cercada pelas coisas que ela tinha tocado. O sótão era um lugar abafado e empoeirado com vários canos de calefação. Espiei nas grandes caixas que guardavam as poucas peças de roupa que não tínhamos jogado fora ou doado. Passei as mãos pelos pequenos bibelôs que costumavam ficar em cima das estantes brancas e baixas que ladeavam o quarto dela. Ao levantar a tampa de uma caixa de documentos antigos, vi uma fita cassete em um estojo de plástico. Parecia idêntica àquela em que minha mãe gravara a carta relativa à minha primeira menstruação, mas li na beirada: *Jamie e Gwenny*. Fiquei olhando para aquilo. Por que estava no sótão? Foi gravada pela minha mãe? Ou era simplesmente uma fita antiga, usada para gravar músicas? Desci pela escada de madeira do sótão e fui para o meu quarto, onde abri o toca-fitas prateado. Depois de alguns momentos de estática, ouvi sua voz familiar:

Julho de 1996

Queridos Jamie e Gwenny,
    Como é possível que eu esteja deixando vocês? Isso é insuportável e impensável, e, ainda assim, preciso pensar nisso. Mal consigo me concentrar em qualquer outra coisa. Vocês estão em meu coração e em meus pensamentos o tempo todo. Como é possível que vocês tenham que crescer sem mim? Todos os dias imploro a Deus para me deixar viver e ficar com vocês.
    No tempo que ainda me resta, enquanto ainda consigo me locomover, estou preparando uma caixa para cada um de vocês, cheias de cartas e presentes para comemorar cada um dos

marcos tradicionais pelos quais vocês vão passar. É óbvio que cada um terá os próprios marcos especiais e únicos que não posso prever. No entanto, posso, sim, imaginar por quais etapas vocês vão passar. Coisas como o início da adolescência, a carteira de motorista, a formatura do ensino médio, o noivado, o casamento e o primeiro filho — momentos que adoraria compartilhar com vocês.

A moda muda, e o interesse de vocês também vai mudar. Então, espero que sejam capazes de sentir o profundo amor e conexão com que preparei cada um desses símbolos, mesmo que não sejam os que vocês teriam escolhido. Estou tentando estar com vocês em espírito em um futuro desconhecido. Saibam apenas que amo vocês dois com todo o meu coração, minha mente e meu ser.

E, por favor, não esqueçam que, embora esses presentes sejam preciosos por conta do que simbolizam, eles são apenas objetos, lembretes do grande amor que sinto por vocês, cujo propósito é ajudar a manter um senso de conexão com essa parte das suas vidas. Alguns estão fadados a se perder, se quebrar ou se extraviar. Peço que tentem não se preocupar muito com isso. Perder algo que eu tenha dado para vocês não é o mesmo que perder a conexão que vocês têm comigo. Sou parte de quem vocês são. Isso nunca vai se perder. Tentem não ser duros demais consigo mesmos. Eu diria que esse foi um dos maiores obstáculos na minha vida. Sempre fui dura demais comigo mesma.

Vocês têm grandes expectativas sobre o que devem sentir e como devem se comportar quando eu partir, e talvez façam julgamentos muito duros se não cumprirem tais expectativas. Vocês só precisam ser autênticos, do jeitinho maravilhoso de vocês, alegres, amorosos e engraçados. Não importa o que estiverem sentindo, saibam que o sentimento será adequado para o momento. Vocês vão ter muitos sentimentos diferentes e talvez esses sentimentos sejam diferentes daqueles que o outro está sentindo e do que o pai de vocês está sentindo. É bem provável que não cheguem a um sentimento "definitivo" em relação à minha morte. Esses sentimentos vão mudar com o tempo, à medida que vocês forem mudando e a vida de vocês também. Confiem em si mesmos e se amem.

A voz da fita começa a falhar de emoção. Eu me aproximo mais dos alto-falantes, ouvindo a voz da minha mãe.

Choro ao escrever estas palavras, sentada à mesa de jantar. Vocês estão na casa da piscina, participando da segunda edição da Escola de Bolso. De muitas formas, tudo parece muito normal. Ainda assim, sinto o tempo passando, sem nunca retroceder, enquanto vocês escorregam entre os meus dedos. Por que não posso ser mais sábia? Como é possível que eu me permita passar um dia sem vocês, mesmo agora, sabendo que meu tempo aqui é curto? Por que não aprendi a aproveitar a essência de cada dia, me banhando na sua profundidade e oferecendo a vocês um presente insubstituível? Acho que não tenho a sabedoria, a firmeza, a emoção para fazer isso por nós. Tudo que sei é me agarrar à vida com todas as minhas forças. Abraçando vocês, repetindo a cada instante o quanto eu os amo, como são importantes para mim e o quanto quero estar com vocês.

Mas não posso ficar grudada em vocês o tempo todo. Preciso permitir que vivam, cresçam, aprendam, preparem-se para a vida e vivenciem tudo que puderem. Só quero ficar do lado de vocês, oferecendo minha ajuda e todo o meu amor. Parece uma ambição tão pequena e que todos os pais deveriam ter. Por que isso tem que estar fora do meu alcance?

Nunca entendi bem o que a expressão "a vida é para os vivos" significava até agora. Quando você sabe que está entre os vivos, e pensa na morte como algo que só vai acontecer em um futuro distante, se é que pensa nisso, tudo parece possível, e você pode se dar ao luxo de perder tempo sem pensar muito. Quando você sabe que está entre os condenados a morrer, é difícil se manter no turbilhão, na pressa e no movimento de estar vivo no mundo. Tudo parece muito sem sentido e fútil; todos os esforços, todas as atividades e tudo que acumulamos não significam nada diante da morte. Mas ninguém nos ensina a fazer cada momento valer a pena. Nossa cultura e nossa economia nos dizem que o jeito de fazer a vida valer a pena é ocupando o tempo com atividades e consumo. E se conseguirmos nos separar da manada e construir alguma competência engrandecedora, tanto melhor. Mas a morte não pode ser controlada pela riqueza, nem pelo talento ou pelo poder, muito menos pela bondade.

Então, o que importa no fim das contas? Sermos fiéis a nós mesmos e uns com os outros. Amarmos e sermos amados. Bondade e compaixão. Sermos lembrados com afeição. Deixarmos a menor quantidade de dor e sofrimento possível para trás. E quanto ao nosso trabalho e às nossas conquistas? Não sei. Não tenho nenhum grande feito. Vocês dois são os únicos e verdadeiros tesouros que deixo para trás, mas são vocês que precisam trilhar seus caminhos.

Nós recebemos um tempo breve para aprender as lições desta vida para nos transformar, tornar o chumbo da vida material e das nossas percepções o ouro do nosso eu espiritual.

De alguma forma, preciso confiar que recebi tempo suficiente. Mesmo que isso pareça impossível. Talvez eu tenha recebido tempo suficiente e só não o usei da melhor forma.

Vocês dois me ensinaram tudo que eu sei sobre amor. E foram professores maravilhosos. Só por serem as pessoas maravilhosas e autênticas que são já me ensinaram a amá-los com todo o meu ser. Vocês merecem ser amados, apoiados, vistos, ouvidos, reconhecidos e cuidados por mim e pelo pai de vocês e por todos aqueles que tiverem a honra de fazer parte das suas vidas.

Amo vocês,

Mamãe

Exatamente como eu tinha feito aos doze anos, fiquei deitada no chão do quarto, chorando ao som da estática. O quarto à minha volta tinha mudado nos últimos seis anos. O tapete era cor de palha e, em algum momento do ensino médio, pintei as paredes de um tom vivo de terracota. O altar que Sobonfu nos ajudara a montar tinha sumido. O capelo preto da minha formatura de ensino médio estava pendurado na lateral do espelho.

Nos anos que se passaram desde que perdi minha mãe, cumpri o dever de abrir o baú e tirar cada um dos pacotes no momento certo. Eu admirava os presentes, lia os cartões e as cartas e tentava mantê-los organizados e em segurança. Segui todas as instruções da minha mãe, mas fui apenas uma participante passiva da nossa conversa. Eu aceitava cada presente e cada palavra sem pensar muito nas intenções mais amplas por trás de cada coisa. Mas agora, enquanto eu rebobinava a fita e me preparava para escutá-la de novo, uma coisa nova começou a entrar em foco.

Minha mãe queria nos confortar com o baú, nos ajudar a lidar com a perda dela. Mas ela também queria que fizéssemos outra coisa. Na gravação, ela disse explicitamente que os objetos nos pacotes não eram a única intenção da ação e até nos disse para nos perdoarmos se os perdêssemos (pensei no colar de coral e senti uma onda de alívio). Então, qual era o objetivo?

Estou tentando estar com vocês em espírito em um futuro desconhecido.

Minha mãe sabia que a nossa vida, como a de qualquer outra pessoa, apresentaria grandes desafios, e demonstrou enorme tristeza por não poder nos ajudar a enfrentá-los. Ela tentou se colocar, colocar a sua essência, em uma caixa que poderíamos carregar com a gente para que, assim como Vasilisa, do conto de fadas, pudéssemos ter alguém ao nosso lado em um momento difícil. A pessoa de que eu precisava para ajudar a resolver a minha vida não era a mãe sorridente e gentil que embrulhava presentes de aniversário. A mulher de que eu precisava era a mulher da fita, a mulher dos vídeos, a pessoa que tinha lutado e sofrido e que tinha tido uma vida antes de eu existir. Eu precisava da minha mãe por inteiro, não apenas as partes mais suaves que ela tinha me mostrado quando eu era pequena. Ela deixou uma trilha de migalhas de pão em direção ao meu futuro, em direção a ela, mas, para encontrá-las, eu precisava procurar muito mais de perto. Precisava fazer perguntas.

Na sessão seguinte com Judy, contei a ela sobre a fita, e Judy me lembrou que minha mãe também tinha feito terapia por muitos anos. Eu a encarei.

— Você acha que a terapeuta conversaria comigo?

— Por que não ligamos para ela? — sugeriu Judy lentamente. — A morte de uma paciente não revoga a confidencialidade, mas talvez ela aceite conversar em termos gerais.

Uma semana depois, subi apressada a escada que levava ao consultório de Judy, ansiosa para saber o que a terapeuta da minha mãe tinha dito.

— E aí? — perguntei, sentando-me no sofá.

— Foi muito estranho — revelou Judy. — Ela quase parecia estar esperando a minha ligação. Ela disse na hora: "Ah, sim, a Kristina me disse que se qualquer um dos filhos viesse em busca de informações sobre ela, eu deveria dizer tudo que quisessem saber."

O consultório da dra. Bell era bem parecido com o da Judy, móveis modernos e simples, quadros abstratos e de bom gosto, mas a dra. Bell não atendia crianças, então não havia sala de brinquedos nem caixa de areia. Senti a palma das mãos pinicar quando me sentei em uma das poltronas.

— Então — disse ela, com um sorriso, como se já tivéssemos nos encontrado muitas vezes antes —, como posso ajudar?

Encarei-a. Eu tinha muitas perguntas e não conseguia verbalizar nenhuma delas.

— Você gostaria de saber por que sua mãe começou a terapia? — sugeriu ela.

— Sim.

— Ela estava infeliz no casamento.

Senti uma pontada no peito, mesmo que a informação não fosse novidade para mim. A terapeuta disse com muita autoridade.

— Quando ela começou as consultas? — perguntei.

Dra. Bell disse o ano, olhando para a pasta no seu colo.

Antes de eu nascer, pensei. O que me levou à inevitável pergunta: *Então por que ela me teve?* Lembrei da minha mãe contando que ela tinha nascido para salvar o casamento dos pais e fracassado.

— Por que ela estava infeliz? — perguntei.

— Sua mãe tinha uma personalidade muito forte. Acho que ela se casou com seu pai porque achou que ele seria um bom pai. Ele era brincalhão e carinhoso, um pouco infantil até. Mas foram justamente essas qualidades que ela valorizava nele como pai que a fizeram se frustrar com ele como marido. Ela sentia que sempre tinha que ser a responsável da relação.

Eu assenti; fazia sentido para mim.

— Ela queria estar com alguém igualmente responsável. Acho que ela pressionou muito seu pai, na intenção de incentivá-lo a ser como ela. Em vez disso, ele foi se distanciando cada vez mais, ficando complacente e submisso, e ela se ressentia disso.

"Ela também trabalhou muito a raiva em relação ao diagnóstico de câncer. Ela ficou furiosa por aquilo estar acontecendo com ela, com a família de vocês. Aquilo não fazia parte dos planos."

Assenti de novo. Minha mãe se importava muito com planos. Pensei nos cartõezinhos com o cardápio, listando nossas opções para o café da manhã e o almoço.

Conversamos por alguns minutos antes de eu ter coragem de perguntar o que mais queria saber.

— Você acha que meus pais teriam se divorciado se minha mãe não tivesse ficado doente?

— Acho — respondeu dra. Bell, sem hesitar.

Fiquei digerindo a resposta.

— E como você pode ter tanta certeza?

— Porque eles se divorciaram.

Senti a sala girar um pouco. Apoiei os cotovelos nos braços da poltrona. Dra. Bell folheou algumas páginas no seu arquivo.

— Seus pais tiveram dificuldades por muito tempo. Eles tinham um negócio juntos, estavam criando filhos e cuidando da doença da sua mãe enquanto tentavam manter o casamento. Então, sua mãe entrou em um grupo espiritual, acho que se chamava Aldeia.

"Pelo que entendi, por meio de conversas com os líderes desse grupo, sua mãe decidiu que ela e seu pai gerenciariam melhor todos os outros aspectos da vida deles, seriam um time melhor, se parassem de tentar ser marido e mulher. Em outras palavras, eles abandonariam aquele aspecto, o aspecto romântico do relacionamento. Não sei ao certo como seu pai se sentiu em relação a isso, mas sei que ele aceitou.

"Eles passaram por um ritual de libertação dos votos de casamento. Em parte por causa da doença da sua mãe, eles não vinham tendo relações físicas havia um longo tempo. Sei que ela autorizou que ele buscasse isso fora de casa, desde que não afetasse a família de vocês, mas, até onde ela sabia, ele nunca fez nada."

As perguntas se atropelavam na minha mente. Os contornos do consultório pareciam estranhamente embaçados enquanto alguns detalhes se sobressaíam de forma vívida demais — a maciez do tapete, a ponta dourada da caneta da terapeuta.

— Quando foi isso?

— Em algum momento entre 1997 e 1999 — respondeu ela, passando os olhos pelas anotações —, em alguma propriedade que a família da sua mãe tinha perto de Mendocino.

As imagens surgiram na minha mente: campos dourados de feno, sequoias, névoa matinal nos limites de um vale. Quando Jamie e eu éramos pequenos, passávamos os verões lá e dormíamos em uma casa de estilo rústico, com apenas uma lareira, sem calefação e uma vista maravilhosa da campina onde o gado pastava. Os avós da minha mãe tinham comprado as terras nos anos 1920 ou 1930, e ainda pertenciam à família. Tippy nasceu lá, naquele antigo rancho de criação de ovelhas e gado. Mentalmente, caminhei pela trilha de terra batida, ladeada de samambaias, e entrei em uma parte de floresta densa chamada Cathedral Grove, onde árvores de mais de mil anos se erguiam por centenas de metros. Alguns troncos tinham sido atingidos por incêndios, deixando buracos grandes o suficiente para um caminhão passar. Muitos primos meus se casaram naquele bosque. Fiquei me perguntando em que lugar meus pais teriam escolhido fazer o ritual do divórcio.

— As pessoas ficaram sabendo?

— Algumas. Amigos próximos. Mas acho que foi mais uma coisa para eles mesmo: um novo começo, com prioridades diferentes.

Eu me lembro da minha mãe me chamando para ir ao quarto dela uma tarde, logo depois que venderam a empresa de sucos. Meu pai estava sentado na beirada da cama de hospital, abraçado a ela.

— Que foi? — perguntei da porta.

— Só queríamos que você nos visse assim — disse ele, pousando o rosto na cabeça da minha mãe. Eles ficaram bem próximos, como se estivessem posando para uma foto. Obedientemente, guardei aquela cena na minha memória.

Eu me lembrei de outras demonstrações de afeto entre eles naqueles últimos anos. E, pela primeira vez na vida, pensei em como meu pai tinha passado por tudo aquilo sem ter um relacionamento amoroso real.

— Você disse que ela deu permissão... mas que ele nunca aproveitou?

— Foi o que eu entendi.

Quando meu pai começou a namorar de novo, o casamento dele não tinha acabado meses antes, mas sim anos. Minha tristeza por ter perdido minha mãe começou no dia em que ela morreu, mas a dele já era antiga àquela altura, mais para uma cicatriz do que uma ferida aberta. Senti o peso da tristeza e do amor pelo meu pai. Por que ele nunca tinha me contado aquilo? E se minha mãe queria que eu soubesse, por que ela mesma não contou? Ou, se ela achava que eu era jovem demais, por que ela não pediu para a dra. Bell entrar em contato comigo em um momento oportuno?

Mas assim que as perguntas surgiram, a resposta me atingiu: eu tinha que desejar saber. Era eu que precisava perguntar.

Descendo a escada do consultório da dra. Bell, minhas lembranças de infância começaram a ganhar novas nuances. Eu tinha aprendido a me agarrar com toda a força à minha própria compreensão do passado, aterrorizada com a possibilidade de o tempo e as mudanças tirarem aquilo de mim. Mas e se o passado não fosse exatamente como eu imaginara? Ao que, então, eu estava me agarrando?

Não contei logo de cara para o Jamie o que tinha descoberto naquele consultório tranquilo e elegante. No recém-adquirido papel de pai, imaginei que ele já tinha muito com que lidar. Também não quis conversar sobre o assunto com meu pai. A nova ideia que eu tinha dele e o reconhecimento do meu afeto por ele eram recentes e frágeis demais para passar pela provação de uma conversa difícil. Eu sabia que um de nós acabaria dizendo alguma coisa que mancharia a imagem delicada que eu agora tinha da nossa família, se esforçando para fazer o melhor em uma situação terrível. Eu não queria saber se ele tinha aceitado a oferta da minha mãe para encontrar outra companheira; estava emocionada demais com a versão dele que se agarrou à nossa família, mesmo quando estávamos afundando.

Embora tecnicamente só tivesse adiado a minha ida para Tufts, eu sabia que nunca mais ia voltar. No inverno do meu ano sabático, me inscrevi na seleção para a faculdade de teatro da Universidade da Califórnia e, na primavera, consegui uma vaga na UC Berkeley. O *campus* ficava a uma hora da minha casa quando não tinha trânsito. Senti um novo senso de resiliência nos meses seguintes à minha conversa com a dra. Bell, mas, quando o outono estava chegando e o início das aulas também, senti a velha ansiedade crescer dentro de mim. Em setembro, eu só estava um pouco menos aterrorizada do que me sentira indo para Boston.

Meu pai me ajudou a fazer a mudança para um quarto triplo no dormitório no Stern Hall, um prédio apelidado de Convento porque só tinha mulheres. Não me lembro de quase nada das duas jovens agradáveis com quem dividi o quarto. Eu me via num estado de náusea e medo, e mal falei com elas. Só queria dormir. Dormi durante toda a orientação, todos os cafés da manhã de apresentação de alunos, todas as festas às quais as garotas de Stern Hall iam junto com os garotos da Bowles, o dormitório que ficava do outro lado do Greek Theatre. Eu acordava uma vez por dia para ir até o refeitório, onde pegava tudo que conseguia carregar — uma caixa de leite, um sanduíche embrulhado — e levava até meu quarto para comer sozinha. Ficar sozinha era horrível, mas estar com outras pessoas era ainda pior. Entre todos os rostos desconhecidos, eu achava que via meus cinco amigos. Os Seis Sensacionais se encontraram de novo na casa de praia no verão. Mais uma vez, escrevi um registro do fim de semana e o coloquei no vidro de molho de tomate. Meu coração se partiu novamente quando cada um voltou para sua respectiva faculdade.

O início das aulas foi a única coisa que me manteve sã. Alguma coisa no meu cérebro me impedia de dormir durante o horário de aula. Eu me levantava da minha cama de solteiro parecendo um zumbi ou um autômato, descia a colina e assistia às aulas. Quando acabava, eu pegava minhas anotações, subia a colina de volta e me enfiava na cama de novo.

Durante aquelas primeiras semanas sombrias, uma amiga da minha mãe que morava nas proximidades de Mill Valley me convidou para jantar. Nós nos encontramos em um bistrô em Richmond. Fui dirigindo até a última saída antes da ponte. No início, meu pai tinha se recusado a me deixar levar o carro para o *campus*, temendo que eu fosse usá-lo para voltar para casa. Argumentei que, sem o carro, eu achava que não conseguiria ir.

Anne e eu nos sentamos uma de frente para a outra na penumbra do restaurante. Havia um hambúrguer grande e lustroso diante de mim, mas eu não tinha vontade de comer.

— Ah, meu docinho...

Ela sempre me chamara assim. Aquele era o meu apelido na época que pulávamos amarelinha na porta da garagem de casa, jogando uma pedra ou uma semente seca nos quadrados de giz enumerados. Quando ela dormia com a minha mãe, ela me deixava pentear seu cabelo ruivo e curto de manhã. Ela chamava a brincadeira de "Salão de Beleza da Gwenny".

A compaixão dela me fez desmoronar. Havia muita gente que me amava e queria me ajudar, mas eu não conseguia enxergar isso através da escuridão da minha mente. Eu não conseguia imaginar meu futuro. Tudo que eu queria era voltar a ser a menina que pulava amarelinha e fingia ser dona de um salão de beleza. (Quando conversei com Anne sobre aquela noite, anos depois, ela concordou solenemente. "O hambúrguer mais triste do mundo", disse ela.)

Alguns dias depois, liguei para Jamie de um banco ensolarado na Berkeley's Sproul Plaza. Era um dia inacreditavelmente lindo, e as garotas bronzeadas à minha volta estavam aproveitando ao máximo. Imaginei uma nuvenzinha tempestuosa de desenho animado sobre a minha cabeça.

— Por que eu não consigo fazer isso? — perguntei para o meu irmão, a milhares de quilômetros de distância. — Por que é tão difícil?

— Sei lá.

Ao fundo, ouvi os bebês chorando. E me senti patética. Jamie tinha problemas de verdade para enfrentar, ao passo que os meus tinham sido inventados por mim mesma. O que havia de errado comigo? Eu tinha conseguido uma vaga em uma ótima faculdade e tinha um futuro pela frente. Por que me sentia presa em uma caixinha escura? Do que eu precisaria para parar de me agarrar a uma versão da minha casa e da minha família que já tinha deixado de existir há tanto tempo? Eu queria dormir naquele banco e só acordar depois da formatura.

— Talvez — disse Jamie ao telefone, parecendo pensar em alguma solução —, talvez a faculdade não precise ser uma prova de fogo. Não acho que tenha que ser tão difícil assim.

Depois de algumas semanas do primeiro semestre em Berkeley, peguei meus livros, meu organizador com itens de higiene pessoal, minhas roupas de cama e coloquei tudo no carro. Menti para as minhas colegas de quarto dizendo que tivera uma emergência familiar, e voltei para casa.

Na primeira vez que fracassei em deixar minha casa para ir para a faculdade, meu pai ficou zangado. Na segunda, ele pareceu assustado. Expliquei para ele que preferia ir e voltar de carro para o *campus* para assistir às aulas.

— Você não pode se isolar dessa forma — disse ele. — Isso não é bom para você.

— Eu sei — respondi. — Mas não sei mais o que fazer.

Eu não tinha forças para discutir, mas também sabia que não queria voltar para o dormitório. Tinha atingido meu limite. Parecia que os fios emocionais que me mantiveram confinada em casa durante a infância não tinham desaparecido, mas simplesmente ficado mais fortes, e eu já tinha esgotado toda a flexibilidade deles.

Naquele semestre, acumulei milhares de quilômetros no meu carro. Passei a conhecer cada pedaço das estradas e vias expressas que ligavam minha casa ao estacionamento da University Avenue, onde fiz um plano mensal. Era quase como um ensaio em um musical. Eu podia acelerar ou diminuir o ritmo, mas as notas eram sempre as mesmas, e eu as conhecia de cor.

No *campus*, eu me sentia uma impostora, uma criatura mista, uma quimera, nem totalmente universitária, nem qualquer outra coisa. Eu não queria fazer amigos. Sentia que qualquer intimidade me desestabilizaria, arrancando todos os clipes de papel e elásticos que sustentavam minha imagem de adulta funcional.

Meu pai e eu tivemos as piores brigas da minha vida nos meses em que eu ia e voltava para a faculdade. A gente brigava com mais frequência e mais intensidade do que quando ele tinha começado a namorar a Shirlee. Nunca o tinha visto com tanta raiva de mim. Ele odiava o tanto de tempo que eu passava na cama. Ele voltou a ameaçar tirar o carro para que eu tivesse que ficar na universidade. Falei que, se ele fizesse isso, eu ficaria em casa e procuraria um emprego. Eu realmente acreditava que sem o consolo de voltar para casa não conseguiria sobreviver. Achava que poderia morrer de saudade de casa.

Ainda sonho com as viagens de carro entre Santa Rosa e Berkeley. O longo trecho da via expressa para Marin, a bifurcação para a Richmond Bridge, tão horrenda em uma direção, tão linda na outra. O sol refletindo na água da baía. As fachadas sombrias dos prédios da University Avenue e o grande estacionamento onde eu deixava meu carro e fazia a caminhada de vinte minutos pelo *campus*. Mesmo a quarteirões de distância, dava para sentir o cheiro de eucalipto, que crescia abundantemente nas margens do Strawberry Creek. O tempo que eu passava no *campus* não era maior do que o tempo que eu levava para ir e voltar. Assim que estacionava o carro na garagem de casa, eu subia para o meu quarto, deitava na cama e dormia quando ainda estava claro.

Naquele inverno, por sugestão da Judy, procurei um psiquiatra. Dr. Collins tinha cabelo loiro-claro e usava óculos de armação de metal. Era simpático e tinha um certo carisma. Fiz um resumo para ele da minha vida: a doença e a morte da minha mãe, minha incapacidade de sair de casa, a forma como a ida para a universidade tinha transformado aquela característica em um sério problema.

— O que você gostaria que acontecesse? — perguntou ele. — Ao fechar os olhos e imaginar uma solução para o problema, qual seria?

Tentei responder:

— Eu gostaria que a faculdade já tivesse acabado. Gostaria de já ter passado por esse período. Aí eu poderia voltar para Santa Rosa, alugar um apartamento, arrumar um emprego e simplesmente nunca mais deixar a cidade.

— Interessante — comentou ele.

— Por quê?

— Porque de certa forma você parece ser mais velha e, ao mesmo tempo, mais nova do que sua idade. O que você acabou de descrever é um desejo infantil. Você está desejando magia, viagem no tempo.

Isso me magoou um pouco.

— O que um adulto desejaria?

— Um adulto desejaria a capacidade de superar o obstáculo. Uma pessoa madura não busca mudar as circunstâncias, mas sua reação a elas.

Pensei nisso. Tentei desejar poder passar pela universidade, mas não consegui. Tudo que queria era ficar em casa, para que tudo voltasse a ser como era antes.

— Vou prescrever uma dosagem bem baixa de antidepressivo. Vai levar algumas semanas até você sentir os efeitos. Vamos partir daí. Aliás — disse ele, enquanto eu me levantava e pegava as minhas coisas —, o que você está cursando?

— Teatro — respondi, vestindo o casaco.

— O quê? — perguntou ele rispidamente. — Você é atriz?

— Sou — respondi, sem entender. — Por quê?

— Estamos conversando há uma hora e você não achou que deveria mencionar isso?

— Que diferença isso faz?

— Durante toda esta sessão, eu conversei com uma artista. Agora preciso reavaliar tudo.

Saí do consultório sem saber ao certo se ele estava falando sério ou não. Fiquei achando que ele estava confundindo a arte de atuar com a de mentir. Ou talvez ele só pensasse que eu amava aquele drama todo.

O primeiro antidepressivo que ele prescreveu não me deixava pregar o olho à noite. O segundo me fazia dormir o dia todo. Mas o terceiro foi como a Cachinhos Dourados encontrando a tigela perfeita de mingau. Dez miligramas por dia, e senti o mundo se firmar sob meus pés.

O remédio não resolveu tudo. Às vezes eu ainda passava o dia todo na cama assistindo a DVDs de *The West Wing*, mas a mudança na minha neuroquímica me deu uma base para seguir adiante.

Os eventos da minha vida tinham me deixado confortável para aceitar a magia, e aquilo era a coisa mais próxima à magia que eu já tinha sentido. No final das férias de inverno, eu me senti pronta para voltar para Berkeley. Não tinha como ser tão simples assim, mas, ao mesmo tempo, tinha.

Meu pai me ajudou a encontrar um quarto em uma casa fora do *campus* com outras cinco mulheres, um misto de alunas e jovens profissionais. Era mais barato do que o dormitório e eu teria meu próprio quarto, onde poderia ficar sozinha se me sentisse sobrecarregada. O quarto vinha com uma cabeceira para uma cama de casal, um luxo de que eu nunca tinha usufruído. Meu pai prendeu o velho colchão de casal de Jamie na parte de cima do Toyota Highlander, como uma das nossas imensas árvores de Natal, e o levou para Berkeley. Então, como o colchão de Jamie era mais duro do que eu estava acostumada, ele comprou um grande rolo de espuma e o cortou do tamanho certo com uma faca elétrica que comprou só para isso. Fiquei observando enquanto ele se ajoelhava no chão com a lâmina vibrando, cortando a espuma, e senti uma ternura imensa. Meu pai queria muito tornar as coisas melhores, mais seguras e confortáveis para mim. Ele me levou para ver móveis no People's Bazaar e comprou uma poltrona de couro para eu me acomodar para ler.

Depois que ele foi embora, olhei para o meu novo quarto. As paredes eram pintadas de um tom de céu cinzento. Pela primeira vez, senti que tinha encontrado um lugar no qual poderia passar um tempo. Assim como Jamie, eu não tinha levado meu baú para a faculdade. Fiquei preocupada com o que poderia acontecer com ele, e tirá-lo do meu quarto de infância era o mesmo que admitir que eu não morava mais lá de verdade. Eu gostava de imaginá-lo guardado no meu armário, esperando por mim. Durante os meus anos em Berkeley, eu pegava meu presente de aniversário alguns dias ou semanas antes da data. No dia em que me mudei oficialmente para a casa perto do *campus*, tirei do baú o embrulho marcado com *Formatura da faculdade* e fiquei segurando. Nos últimos dezoito meses, ou nos últimos dezenove anos, eu acreditara que nunca ia abri-lo. Então eu o coloquei na minha mala. Algo a se almejar; um gesto cheio de esperança.

Quando voltei para casa nas férias de inverno do meu penúltimo ano na faculdade, notei na hora a mudança no meu pai. Ele parecia menos ciente do ambiente à sua volta, trombando nos móveis, tropeçando. Havia algo estranho e etéreo no jeito que ele me olhava, como se um de nós não estivesse totalmente ali.

Ele estava chateado com o trabalho, segundo ele. A escola católica particular da qual ele era diretor financeiro havia anos estava enfrentando uma queda no número de matrículas. Embora fizesse a gestão financeira da escola, ele não tinha como controlar quantos pais queriam mandar os filhos para uma escola religiosa. Ainda assim, quando recebeu a notícia de que a escola teria que fechar no fim do ano letivo, encarou aquilo como um fracasso pessoal.

No início das férias, meu pai e Shirlee me levaram a um restaurante que servia bolinhos caseiros e comida mexicana, para me explicar que ele estava tendo dificuldade para se levantar de manhã. Ele estava fazendo terapia e, assim como eu, tomando remédio para ansiedade e depressão. Para mim, o fechamento da escola não era suficiente para explicar o estado em que o encontrei. Não tinha sido culpa dele, e ele tinha estabilidade financeira para lidar com a demissão enquanto procurasse outro emprego. Ele era proprietário da nossa casa e tinha economias, e Shirlee tinha uma boa renda. Eu sentia que estava faltando uma peça crucial do quebra-cabeça, mas não o pressionei para descobrir do que se tratava. Em vez disso, assim que ele acabou de falar, eu disse:

— Obrigada por me contar. Sabe, quando a mamãe ficou doente, eu era pequena demais para ajudá-la. Se você deixar, significaria muito para mim poder ajudar você.

Escolhi as palavras com cuidado. Não queria parecer condescendente. Eu me lembrava do vazio da minha própria depressão, a forma como me sentia inútil, como um desperdício de dinheiro e espaço. Também me lembrava da raiva que ele sentiu de mim naqueles meses, e, pela primeira vez, passou pela minha cabeça que a raiva dele pudesse ter algo a ver com reconhecimento.

— Obrigado — disse ele, com os olhos azuis começando a ficar marejados. — Neste caso, acho que temos muito para conversar.

— Você é um ótimo pai, sabe? — falei, notando a trivialidade das palavras enquanto saíam da minha boca.

— Negligência benigna, né? — Ele sorriu.

Era uma velha piada sobre o estilo de parentalidade que ele praticava.

— Isso. — Retribuí o sorriso.

Ao longo do recesso escolar, meu pai continuou indo à escola durante a semana, como um comandante leal em um navio naufragando. Passei os verões da minha adolescência trabalhando nos escritórios administrativos da escola, fazendo cópias, arquivando e envelopando papéis para ganhar dinheiro extra. Eu até sabia o nome das pessoas bondosas e capazes que trabalhavam lá, a maioria mulheres, e lembrava de suas preferências para o café. Minhas férias duraram quase um mês, durante o qual meu pai pediu que eu fosse trabalhar com ele, retomando meu emprego temporário, para lhe dar "apoio moral".

De segunda a sexta, nas semanas que antecederam o Natal, fui ao escritório e trabalhei arquivando ou dando uma folga para a recepcionista ao atender as ligações enquanto jogava Paciência no computador. Às vezes, eu espiava a sala onde meu pai ficava digitando lentamente, no estilo cata-milho, diante da mesa alta que ele comprara para trabalhar de pé quando as costas começaram a doer. Além disso, eu sempre acabava perguntando a ele onde deveria guardar um documento aleatório ou levava alguma coisa para ele assinar.

— Obrigado — dizia ele o tempo todo, com os olhos marejados, como se eu estivesse lhe dando um presente. — Você é maravilhosa.

Por volta das duas da tarde, a gente saía para um almoço tardio na lanchonete próxima, onde ele pedia sopa de cebola, e eu, um sanduíche de peru. Aquilo me fazia lembrar das noites de quinta-feira que passávamos em uma lanchonete com a antiga namorada dele, só que na minha versão fantasiosa em que éramos só nós dois. Depois que o garçom servia nossa refeição, meu pai tomava uma colherada da sopa cremosa, com pedacinhos de torrada, e começava a falar do passado.

Ele falava da sua infância no Yemen e em Singapura, onde seu pai trabalhara como engenheiro civil, e depois na Inglaterra, onde ficava o colégio interno para o qual havia sido enviado quando tinha sete anos. Quando Jamie e eu éramos crianças, as histórias que nosso pai nos contava sobre o internato só mostravam o lado divertido e mágico do lugar: assaltos à cozinha para um lanche noturno, ataques coordenados a outros dormitórios, onde garotos relaxados e adormecidos levavam uma surra de travesseiros ou eram derrubados da cama. Mas agora ele falava da solidão, da saudade dos pais, de nunca poder chorar.

Ele falou sobre como foi deixar Londres para morar em São Francisco aos vinte e poucos anos, e me contou como conheceu minha mãe. Compartilhou comigo as lembranças dele dos anos iniciais da compra da empresa Mrs. Wiggles Rocket Juice, e da nossa vida em família quando Jamie e eu éramos pequenos, antes da doença da nossa mãe. Ele parecia florear os eventos, dando-lhes certo glamour, como se tivesse esquecido as discussões que aconteciam tarde da noite e ecoavam pela nossa casa, como se todos nós tivéssemos vivido uma época de ouro.

Eu ficava ali, ouvindo e tentando consolá-lo. Parecia que alguma coisa, uma tranca ou uma represa, tinha se rompido dentro dele, permitindo a saída de uma enxurrada de lembranças e sentimentos. Eu tinha desejado aquilo, ansiado durante anos, sonhado com o dia em que meu pai reconheceria que, sim, tivemos uma vida inteira juntos antes de tudo mudar, e que partes daquela vida eram lindas. No entanto, as recordações não se organizavam por tema nem cronologia ou qualquer outra lógica que eu conseguisse identificar. Ele se interrompia, se repetia, perdia o fio da meada. O fluxo de anedotas não era linear; na verdade, ele parecia seguir em espirais que iam se fechando em círculos em um turbilhão com algo escuro e vazio no centro.

Nos fins de semana, meu pai, que sempre acordara cedo, passou a ficar na cama até meio-dia, assistindo a todos os filmes da adaptação de *Senhor dos Anéis* feita por Peter Jackson. Pela porta, eu ouvia os sons das batalhas enquanto seres humanos, elfos e anões atacavam os bastiões do mal, lutando contra os demônios que conseguiam ver. Nunca pensei em conversar com Shirlee sobre o que estava acontecendo. Seria como admitir que, àquela altura, ela conhecia meu pai melhor do que eu.

No último domingo antes do Natal, bati na porta do quarto do meu pai por volta das onze e disse que estava na hora de comprarmos a árvore de Natal. Fazia duas semanas que eu vinha sugerindo que fôssemos à fazenda de pinheiros, mas ele protelou, dizendo que faríamos isso depois.

Quando chegamos lá, ele ficou mais empertigado no frio, segurando o serrote e a trena no bolso. Durante o fundo do poço da minha própria depressão, atividades familiares, até as que eu tentava evitar, sempre faziam com que eu me sentisse melhor. Derrubamos mais um pinheiro gigante e o prendemos na parte de cima do carro. No caminho para casa, meu pai colocou o CD do King's College Choir e até cantarolou sua canção preferida, "Once in Royal David's City". Mas, em casa, ele deixou a árvore na entrada da garagem e voltou para o quarto. Nos últimos anos, ele havia colocado a enorme árvore sozinho no lugar, enquanto Jamie e eu lavávamos a resina do rosto e das mãos e esquentávamos a água para o chocolate quente. Quando nós aparecíamos de novo, tudo já estava no lugar. Mas, naquele ano, a árvore ficou na entrada da garagem por três dias, pegando chuva.

— Bem, vou colocá-la no lugar — avisei no quarto dia. — Mas *alguém* poderia me ajudar, ou não sei o que vai acontecer.

Eu notava o tom infantilizado na minha voz. Não sabia como deveria falar com meu pai, então recorri ao jeito que ele costumava falar comigo. Ele riu e, juntos, levantamos a árvore grande e cheia de resina e a colocamos no devido lugar, os galhos ainda cintilando com a umidade lá de fora.

Jamie chegou tarde com a família na véspera de Natal, e, naquela noite, minha cunhada e eu nos ocupamos de encher as meias dos gêmeos com presentes. Eles tinham acabado de fazer três anos. Embrulhamos balas e brinquedos em papel de seda branco porque era assim que meus pais sempre tinham feito. Era uma coisa doce e estranha, me ver do outro lado de uma tradição familiar, criando a ilusão para outras pessoas.

A presença dos netos pareceu animar meu pai. Ele os carregou no ombro, um de cada vez, e correu atrás deles enquanto cambaleavam pelo quintal. Eles tinham quase a mesma idade que eu quando nos mudamos para aquela casa. Eu achava que meu pai tinha nascido para ser avô — só diversão, sem disciplina. Durante essa visita, Jamie e eu não batemos na porta um do outro para folhear álbuns antigos de fotos. Em vez disso, ficamos acordados até tarde, rindo e tomando vinho com Sally, enquanto as crianças dormiam no antigo quarto de Jamie. Eu tinha vinte e um anos, e Jamie, vinte e cinco. Ele já tinha dois filhos, e eu senti que nós éramos muito adultos.

Contei para Jamie e Sally sobre as longas manhãs do nosso pai na cama, assistindo a filmes. Durante a visita deles, quando nosso pai se mostrava esquecido ou mudava rápido de animação para raiva e vice-versa, Jamie e eu arqueávamos a sobrancelha nos entreolhando, como se falássemos: "Isso foi esquisito, né?" Mas a gente achava que era só um momento difícil que, assim como o tempo ruim, ia logo passar.

Jamie e a família partiram cedo no ano-novo, mas eu fiquei por mais duas semanas. Quando meu pai retornou ao trabalho, eu ia com ele, e voltamos para a mesma rotina de digitação e arquivamento, seguida por almoços tardios, com monólogos desarticulados e divagantes.

Na minha última noite em casa, conversamos sobre os planos dele para quando a escola fechasse. Ele disse que estava pensando em abrir uma instituição sem fins lucrativos. Havia uma organização no Reino Unido cujo único objetivo era levar poesia à sala de espera de consultórios médicos. A ideia o atraía pela simplicidade e humanidade. Ele comentou que talvez abrisse a versão estadunidense.

— Talvez eu viaje um pouco primeiro — disse ele. — Com certeza vou te visitar mais em Berkeley.

— Estou em uma peça com estreia prevista para março — falei. — Por que você não vem ver?

Na tarde seguinte, enquanto eu colocava as malas no carro para voltar para a faculdade, o Toyota branco do meu pai entrou cantando pneu. Ele havia esquecido alguma coisa em casa e tinha voltado para pegar. Nós nos abraçamos na rua. Meu pai britânico tinha dificuldade de me abraçar do jeito que eu queria ser abraçada. Ele me tomava nos braços por alguns segundos e começava a me soltar, enquanto eu ainda me segurava a ele, querendo mais tempo para encostar a cabeça em seu peito, sentindo-o perto de mim. Ele colocava os braços em volta de mim mais um pouco e depois os tirava. Naquele dia, eu o abracei apertado por quatro ou cinco ciclos daquela dança familiar. Ele me abraçou e me soltou, me abraçou e me soltou, até que eu finalmente me dei por satisfeita e o deixei se afastar.

Naquela manhã, quando eu estava escovando os dentes, encontrei um bilhete que meu pai tinha deixado na pia do banheiro. Desde que aprendi a ler, meu pai deixava bilhetes em mesas e bancadas. Ele os enfiava por baixo da porta de manhã cedo ou os prendia no limpador de para-brisa do meu carro. Em geral, os bilhetes traziam alguma instrução: *Esvazie a lava-louça; Leve a Tippy para passear; Volte para casa até meia-noite*. À medida que fui ficando mais velha e nossos horários continuavam se desencontrando, os bilhetes se tornaram nosso principal meio de comunicação e uma forma de ele exercer a paternidade. Até mesmo quando as mensagens de texto pararam de custar dez centavos, ele preferia escrever suas missivas com caneta esferográfica em cartões dez por quinze centímetros com seu nome e sobrenome impressos no topo. "Com amor, papai" sempre aparecia no fim da mensagem. Ele costumava escrever papai de forma diferente das outras palavras, como se fosse uma assinatura, como se "Papai" fosse o nome dele.

Peter Kingston

Gwenny,

Amo você. Tenha um retorno triunfal a Berkeley. Mal posso esperar para assistir à sua nova peça.

Com amor,
Papai

PARTE TRÊS

Em uma terça-feira à tarde, o impensável aconteceu. No segundo dia de aula do semestre que começou na primavera, o nome do meu irmão postiço apareceu na tela do meu celular. Aquilo era estranho, e parei tudo para olhar. Eu estava de saída para a primeira leitura da peça que estava ensaiando com o departamento de teatro da faculdade, aquela sobre a qual tinha comentado com meu pai. Apertei IGNORAR, mas o celular voltou a tocar e eu atendi.

— Alô?
— Gwenny, aconteceu uma coisa. A pior coisa do mundo.

Achei que ele ia dizer que a casa tinha pegado fogo.

— O que foi?
— O Peter suicidou.

Suicidou-se, pensei em corrigir, mas não o fiz. Quando eu tinha onze anos, aprendi que "suicidar-se" é um verbo pronominal, não importa que na origem etimológica o "sui" inicial queira dizer "si". Eu gostava de ter esse pequeno conhecimento aleatório, fazia com que eu me sentisse erudita.

— Tá de brincadeira com a minha cara? — perguntei. Senti um frio na barriga, como se meus pés não tivessem visto um degrau, mas o meu cérebro ainda insistia que o que David tinha acabado de dizer não era verdade, simplesmente não podia ser. — Se estiver, não teve a menor graça.

— Não estou brincando, juro! Ele se enforcou.

— Tá — falei. — Bem, ele está... — A palavra ficou pairando fora do meu alcance, até eu finalmente conseguir dizê-la: — ... morto?
— Acho que sim.
Minha mente se agarrou à dúvida que detectei na voz dele.
— A polícia está aí?
— Sim.
— Me deixe falar com um deles.
Fez-se um breve silêncio; depois, uma voz grave e autoritária disse:
— Alô?
— Alô — respondi, como se estivesse dizendo as falas de uma peça ou de um jogo de faz de conta (*você vai ser o policial, e eu, a filha*). — Você é da polícia?
— Sou.
— David acabou de me dizer que Peter Kingston está... — Novamente a palavra me fugiu. — ... morto. É verdade?
— Temo que sim.
Em pé no meu quarto, com as paredes de céu cinzento e os móveis emprestados ou comprados de segunda mão, além de uma profusão de livros abertos e roupas espalhadas, senti minhas pernas fraquejarem. Desmoronei pesadamente na poltrona de couro marrom que meu pai tinha comprado para mim no dia da mudança. Desliguei e fiquei imóvel por um tempo. Depois liguei para David de novo.
— Oi, desculpa. Posso falar com o policial de novo?
A mesma voz grave falou comigo.
— Sou eu de novo. Desculpa. Só para ficar claro... você tem *certeza* de que ele está morto? Tipo, você verificou?
— Sim.
— Tá bom. Desculpa. Obrigada.
Deixei o celular de lado.
Então um som alto saiu de dentro de mim, aflito e agudo. Parecia maior do que eu, como se ele estivesse me gerando, e não o contrário.

O som ecoou pela casa de seis quartos, mas era fim de tarde e não tinha mais ninguém ali. Eu podia gritar o quanto quisesse que ninguém ia ouvir. Mas fiquei quieta e tentei pensar em uma forma de fugir daquilo, uma forma de voltar no tempo. Se aquilo tinha acabado de acontecer, ainda havia uma chance de mudar, mas quanto mais tempo se passasse, mais difícil seria. Durante toda a minha vida, fracassei nas minhas tentativas de parar o fluxo apressado do tempo, mas agora, sentada naquela poltrona de couro, as coisas pareciam estar em câmera lenta, suspensas. Parecia que meu quarto de alguma forma estava submerso ou coberto por uma névoa fina, e objetos escuros estavam flutuando em volta: peixes exóticos, oportunidades perdidas, palavras não ditas. Eu me senti puxada de volta a um cenário que era ao mesmo tempo conhecido e desconhecido, uma cidade que eu visitara uma vez em um sonho ou em outra vida. O conteúdo do quarto girava ao meu redor, todos os livros, sapatos e fotografias que eu tinha arrumado como amuletos para afastar a saudade de casa, o medo do que poderia acontecer se eu deixasse o lugar ao qual pertencia. Mas eu tinha deixado e o pior acontecera.

Um único pensamento surgiu naquela névoa. No início, eu o vi bem longe, como se fosse uma placa de trânsito que eu ainda não conseguia ler. *Jamie*, foi a primeira parte que entrou em foco. Depois: *Tenho que ligar para o Jamie.*

Ficou bem óbvio para mim. Jamie não receberia essa notícia de David, nem da polícia, nem de alguém que tinha amado o nosso pai menos do que ele. Ele tinha que ouvir de mim. Mas alguma coisa ainda deixava os meus dedos pesados quando eu pegava o celular na poltrona. Jamie ainda estava vivendo em um mundo no qual nosso pai estava vivo. *Vou deixá-lo viver naquele mundo por mais alguns segundos*, pensei.

A voz dele do outro lado da linha estava feliz, normal. Ele parecia contente com a minha ligação. E, de repente, fui tomada por uma dúvida imensa e angustiante. Aquilo não devia passar de um erro. Talvez eu não tivesse falado com um policial de verdade. Talvez eu estivesse tendo algum tipo de alucinação. Como eu poderia garantir que aquilo era verdade? Não tinha sequer visto o corpo.

Perguntei para o Jamie se a Sally estava com ele. A minha voz parecia hesitante aos meus próprios ouvidos, como se eu estivesse pisando em ovos.

— Está — disse ele. — Ela está bem aqui do meu lado.

— Então... acabei de falar com a polícia, e eles estão dizendo... — Tentei me colocar como a portadora da notícia, em vez de como a fonte: — ...eles disseram que o papai... que ele está morto.

— Ah — disse Jamie. A mesma sílaba que ele proferiu quando contei que tivemos que sacrificar Tippy, mas, daquela vez, detectei o choque, o medo. — O que aconteceu?

— Eles estão dizendo — reforcei de novo — que ele se matou. Que ele se enforcou.

A quase cinco mil quilômetros de distância, ouvi Jamie começar a chorar. Naquele mês, fazia dez anos que tínhamos entrado no quarto da nossa mãe para nos sentarmos ao lado de seu corpo. Agora, assim como na época, Jamie, que raramente chorava, deixou as lágrimas rolarem livremente, enquanto eu, uma chorona, não conseguia encontrar as minhas.

— Sinto muito — falei. — Sinto muito mesmo.

— Sim — respondeu ele, quando conseguiu voltar a falar. — Eu também.

— Acho que a gente tem que voltar para casa — falei, porque era assim que eu ainda me referia à casa em que fomos criados.

— Sim — respondeu ele. — Vou comprar uma passagem. Vou chegar o mais rápido possível.

— Eu te amo — dissemos um para o outro antes de desligar.

Liguei para Kim em seguida. Foi ela que me ajudou com as inscrições para a universidade, e era uma das amigas mais próximas do meu pai. Liguei para o escritório dela, onde ela trabalhava como promotora pública. No início, ela se recusou a acreditar, dizendo que aquilo só podia ser um erro. Eu entendia como ela se sentia. Odiei ter que insistir que era verdade.

— Tá — disse ela, por fim. — Vou te buscar. Você não deve estar em condições de dirigir.

— Nem você — retruquei.

— Eu vou ficar bem — disse ela com firmeza, depois desligou.

Liguei depois para o telefone de contato da peça de teatro. Eu não conseguiria fazer a leitura naquela noite, expliquei para a pessoa que atendeu. Houve um falecimento, falei.

Por fim, liguei para Freesia, que estava em Nova York.

— Eu não sei o que fazer — sussurrei.

Qualquer controle temporário que eu tinha encontrado escapava entre meus dedos, e minha respiração estava entrecortada.

— Não tem nada que você possa fazer — disse ela. — Só respire.

— Estou com medo — confessei.

— De quê?

Engoli em seco.

— Estou com medo de não conseguir lidar com isso.

São só sentimentos, dissera Judy em várias ocasiões. *Um sentimento não mata.* Mas, naquele momento, eu duvidava disso.

— Olha... — disse Freesia. — Daqui a trinta anos, quando todos os outros pais começarem a morrer, você já vai ter passado por isso.

— Essa... — Fiz uma pausa, chocada. — Essa é a coisa menos reconfortante que você poderia ter dito.

— Eu sei... — respondeu ela com tristeza. — Achei que ajudaria se eu fizesse você rir ou ficar com raiva.

Não ajudou. Naquele momento, tive certeza de que nada ajudaria.

Kim chegou tão rápido que eu sabia que ela não tinha obedecido nenhum limite de velocidade. Ela tinha voado pela estrada entre Santa Rosa e Berkeley da mesma forma que meu pai teria feito.

Abri a porta da frente para ela.

— Sua mãe estaria muito puta da vida.

Mais tarde naquela noite, quando voltei para a casa na qual eu morara com a minha família e na qual Shirlee agora morava com o filho, vi a pasta de trabalho do meu pai na mesa da sala de estar. Meu pai tinha aquela pasta desde que eu me entendia por gente. O couro era marcado e desgastado em um tom de barro vermelho, e a combinação da tranca era a data do meu aniversário e da minha mãe. Durante toda a minha infância, a presença da pasta na sala de estar indicava que meu pai estava em casa, e sua ausência, que ele tinha saído. Agora, ela estava ali, mas ele, não. Na pasta, ele mantinha tudo que precisava da sua atenção: documentos do trabalho, pedidos de conserto de carro, autorizações pendentes. Se ele tivesse deixado uma carta de suicídio, tinha certeza de que estaria ali.

A pasta, assim como o baú de papelão, contava com dois trincos de metal. O pensamento distante, que me deixou quase surpresa, era que minha mãe não tinha incluído no baú um embrulho com a etiqueta *Morte do papai*. Ela parecia ter se preparado para tudo, *tudo*, menos aquilo. Quando coloquei a combinação da data do nosso aniversário, não encontrei nada fora do comum na pasta, nenhuma pista do que poderia estar passando pela cabeça do meu pai no seu último dia de vida. Ele tinha escrito centenas de mensagens para mim ao longo da vida, mas, nos seus últimos momentos, escolhera o silêncio, uma página em branco. Pensei em todos os embrulhos e cartas esperando por mim dentro do baú de papelão, e senti que eu trocaria todos eles por apenas um bilhetezinho escrito à mão.

Naquela noite, Kim me levou para casa com ela e preparou um banho quente de banheira para mim.

— Quero você aqui — dissera Shirlee aos prantos quando eu passara na casa, junto com tantas outras pessoas, amigos e familiares para entregar comida e se sentar um pouco. Mas eu não conseguia encarar meu quarto de infância. Não conseguiria lidar com o tecido colorido com estampa de passarinhos que meu pai tinha prendido no teto, nem com as janelas que ele abria todas as noites durante o verão para refrescar o cômodo enquanto eu dormia, e fechava de manhã antes que a névoa sumisse do céu. Por anos, aquele quarto tinha sido o único lugar no qual eu me sentia completamente segura, mas agora o encanto tinha se quebrado. Se eu entrasse ali, teria que reconhecer que sua magia, se é que algum dia existira, tinha desaparecido. Abri a torneira de água quente da banheira de Kim até ficar o mais quente que eu conseguia suportar, deixando minha pele vermelha. A água da torneira batia na superfície da banheira como uma tempestade.

Depois, ficamos sentadas no sofá, de pijama, assistindo ao filme *Corpos Ardentes* porque nenhuma de nós estava pronta para tentar dormir. Não me lembro de praticamente nada do filme, que eu nunca tinha visto antes, a não ser das pernas compridas e da voz grave de Kathleen Turner, e o jeito que ela jogava o cabelo por cima de um ombro e depois do outro. Durante o diálogo, meu cérebro começou a recapitular todas as conversas que tive com meu pai naquele mês. Eu escolhia palavras e as revirava, buscando algum significado oculto, pistas que pudesse ter deixado passar. O que ele estava tentando me dizer?

Pensei em um dia, anos antes, quando eu estava tirando fotocópias no escritório da escola na qual meu pai trabalhava, e a recepcionista enfiara a cabeça pela fresta da porta para me dizer que meu pai estava no hospital.

— Ele está bem — disse ela —, mas querem mantê-lo lá mais um pouco para fazer alguns exames, e ele ligou para pedir a você que leve o almoço para ele.

Dirigi por alguns quilômetros até o centro médico Kaiser Permanente, imaginando como meu pai, que eu achei que ainda estava trabalhando no fim do corredor, tinha ido parar no hospital sem que eu ficasse sabendo. Eu não tinha ouvido nenhuma ambulância.

Levei o sanduíche de peru que comprei na lanchonete perto da escola e atravessei os corredores iluminados com lâmpadas fluorescentes até encontrar meu pai em um quartinho, sentado em uma maca de exames forrada com papel. Ele deu um sorriso tímido quando entrei.

— O que houve?

— Senti umas dores no peito e vim até aqui ver o que era.

— Você achou que poderia estar tendo um infarto e veio dirigindo até aqui? — perguntei, incrédula. — Eu estava pertinho de você, por que não pediu que eu o trouxesse?

— Não quis te preocupar — respondeu ele.

Antes de me envolver, ele tinha esperado até ter certeza de que estava tudo bem. Ele abriu o pacote com a logo da lanchonete e deu uma mordida no sanduíche.

— Achei que você já tinha lidado o suficiente com hospitais e doenças.

Sentada ali, no sofá de Kim, pensei que meu pai jamais me contaria se as coisas estivessem muito ruins; o instinto dele era sempre me proteger ao máximo.

No hospital, colocaram meu pai em uma esteira para fazer um exame de esforço físico. E disseram que não havia nada de errado com o coração dele.

De manhã, fomos ver o corpo. Gostaria de tê-lo visto onde caiu, mas a polícia já o levara quando cheguei lá. Eu estava nervosa em relação à aparência dele. Não sabia o que um enforcamento fazia com uma pessoa. Na verdade, eu não sabia se ele tinha se asfixiado ou quebrado o pescoço, e não sabia como perguntar isso. Precisei fazer uma pausa e me apoiei na porta de uma grande sala vazia com uma única mesa no centro. Minha respiração estava acelerada. Era como se eu estivesse me debatendo em um lago congelado.

— Venha — disse Shirlee, pegando minha mão e me puxando com ela.

Ela seguiu com passos decididos em direção à mesa e se inclinou na direção da forma imóvel deitada ali. Naquele momento, eu me lembrei de que ela trabalhara por anos como capelã e já tivera bastante contato com a morte.

A pele do meu pai estava pálida e aparentava ter uma consistência de cera. Ele não estava vermelho como eu temia. Havia um lençol branco cobrindo o corpo até o queixo, escondendo as marcas deixadas pela corda. A boca parecia rígida e severa de um jeito que nunca fora em vida, os lábios cobrindo os dentes. Alguém tinha fechado os olhos dele.

— Ainda é o Peter — disse Shirlee, me olhando por cima do ombro. — Ele só está frio.

E, sem hesitar, ela se inclinou e o beijou na boca.

Ela o amava, pensei, alguns passos atrás dela. *A Shirlee realmente o amava.*

Durante anos, meu pai se dedicou à construção de circuitos de arvorismo como hobby. Ele tinha sido escoteiro e conhecia os mais diversos tipos de nós, alguns dos quais ensinou para mim e para Jamie. Ele construiu o primeiro circuito de arvorismo em um agrupamento de carvalhos no rancho da família da nossa mãe. Passara dias em cima de uma escada, e só conseguíamos ver o tênis Nike e as meias brancas de cano alto entre as folhagens. Ele prendia cavilhas de aço nos troncos fortes e amarrava cordas de nylon de uma árvore à outra. O resultado foi uma teia de pontes a três metros do chão que levava a uma rede imensa e resistente, capaz de aguentar cargas de navio, mas que balançava como uma rede de descanso imensa, com capacidade para cinco ou seis pessoas de uma vez. No meio daquele emaranhado, havia uma pequena tirolesa com cabos de aço, conectando duas plataformas de madeira ancoradas nas árvores com longos parafusos de metal. No verão, Jamie, nossos primos, amigos e eu brincávamos naquele parquinho como esquilos, deslizando de galho em galho, ou nos deitando na rede suspensa, sob a luz que se filtrava na copa das árvores.

Meu pai construiu várias trilhas nos anos seguintes, uma delas no nosso quintal. Ele uniu os carvalhos, pinheiros e a grande sequoia que ficava em um canto da propriedade com uma rede pendente de cordas brancas e fortes. Jamie disparou uma flecha com uma ponta de linha de pesca, para passá-la por cima do galho mais alto do maior pinheiro. Nosso pai, então, conseguiu passar uma corda pelo galho e usá-la para içar uma cadeira de lona em um sistema de roldanas acima da cobertura de folhas. Sentada na cadeira, dava para ver por cima dos telhados das casas do bairro. Cordas e árvores — coisas que meu pai amava. Ele sabia fazer um nó que nunca afrouxaria. Sabia como içar uma pessoa no ar e mantê-la lá, desafiando a gravidade.

Parte de mim estava grata por meu pai não ter ido a algum hotel desconhecido com o bolso cheio de comprimidos ou por não ter se atirado de uma ponte alta na água gelada. Em vez disso, ele escolheu um lugar que amava. A última coisa que ele deve ter visto foi o jardim de que ele cuidara e a última coisa que deve ter ouvido foi o som do sino de vento que fica perto da porta dos fundos.

No dia em que ele morreu, pedi que David descrevesse como encontrou o corpo do meu pai. Eu precisava imaginar aquilo. Ele disse que, a uma certa distância, ele achara que meu pai estava parado no meio das árvores. Aquilo em si já era estranho. Meu pai raramente ficava quieto. Estava sempre procurando alguma cerca para consertar, um arbusto para plantar ou uma árvore para podar. David o chamara, mas não obtivera resposta. Ao se aproximar, percebeu que os pés do meu pai não estavam tocando o chão.

Peguei Jamie no aeroporto, exatamente como já tinha feito tantas vezes antes, quando ele voltava para casa na época da faculdade. Ele e Sally tinham vindo sozinhos, deixando os gêmeos com os pais dela. Eu o abracei, e sentir a aspereza da barba contra o meu rosto foi maravilhoso e um choque de realidade. Pela centésima vez, pensei: *isto não é um sonho.*

Fomos para a funerária, para que Jamie pudesse ver o corpo também. Quando entramos na sala, fiquei surpresa ao ver que, nos dois dias desde que eu estivera lá, alguém tinha vestido meu pai com um terno e feito uma maquiagem no rosto. Uma base espessa cobria a pele, e os lábios ganharam um tom rosado.

— Ele... o corpo não estava assim antes — falei, sem jeito.

Eu o teria avisado. Eu nunca tinha visto um cadáver todo arrumado. Parecia bizarro que um homem que nunca tinha se maquiado na vida (a não ser em uma das festas de aniversário de Jamie, em que ele apareceu vestido de Rainha de Copas) fosse maquiado profissionalmente depois da morte. Fiquei à cabeceira da mesa e Jamie, aos pés.

— Acho que fica menos estranho de cabeça para baixo — falei. — Quer trocar de lugar?

Trocamos. Jamie achou que não ajudou muito.

Da minha nova posição, notei o desgaste de uso na sola de um dos sapatos e fiquei me perguntando por que ele precisava estar calçado. Tudo naquela maca, os sapatos, a maquiagem, o terno... tudo parecia muito diferente da pessoa que eu tinha perdido.

Depois da morte do meu pai, a história de que minha mãe o encontrara com uma arma, tantos anos antes, quando a empresa deles ficou à beira da falência, veio à tona aos poucos, e tarde demais, do fundo da minha mente. Primeiro, fiquei achando que eu tinha inventado. Eu não conseguia me lembrar de quem tinha me contado a história nem de quando eu a ouvira, mas quando comecei a contar para meus tios e amigos, todos confirmaram que era verdade. *Ah*, pensei, uma nova faceta de arrependimento crescendo dentro de mim, *então houve um aviso, no fim das contas*. Shirlee também conhecia a história, e tinha tomado providências para tirar todas as espingardas de caça da casa meses antes. Ao saber disso, só consegui ficar chocada com a minha incapacidade de avaliar a situação no mês que passei em casa. Eu sabia que meu pai estava deprimido. Sabia que ele já tinha pensado em suicídio quinze anos antes, quando tinha se sentido um fracasso no trabalho. Sabia que a escola ia fechar. Só que, de alguma forma, não liguei os pontos.

Durante anos, senti necessidade de analisar as últimas semanas de vida do meu pai, tentar encaixar o comportamento dele com listas de sinais de suicídio que encontrei tanto em sites oficiais quanto em sites de conteúdo altamente questionável. Levei em conta a vida que meu pai deixou para trás, examinando-a como a casca que uma cobra solta depois da troca de pele, notando como o mundo dele tinha se estreitado nos anos anteriores. Jamie e eu tínhamos saído de casa. A família enorme e dispersa da minha mãe tinha quase sumido da vida dele desde o novo casamento; algumas relações terminaram após brigas calorosas, outras por falta de contato. Só a família de tio Q continuou próxima dele e da nova esposa. A sua pequena família morava na Inglaterra: pai, irmã, sobrinhas e um sobrinho, que ele visitava uma vez a cada um ou dois anos. Ele perdera o melhor amigo quando a esposa dele concorreu contra Shirlee por um cargo público. Por mais de uma década, ele e Kim passearam juntos com os cachorros, mas aquilo tinha parado de forma abrupta quando Shirlee se disse preocupada com um rumor (sem fundamento) de que eles estavam tendo um caso. A escola na qual ele trabalhava e que estava prestes a fechar era sua principal fonte diária de interações sociais.

Passei anos fazendo especulações com a minha terapeuta, com Jamie, com diversos amigos e familiares, conversando até tarde da noite, tomando chá ou vinho, e imaginando se ele sabia um mês, uma semana ou um dia antes que a vida dele estava chegando ao fim. Tentei encaixar a morte dele nos termos das obrigações que a doença da minha mãe tinha implicitamente lhe imposto: viver até os filhos estarem encaminhados. Talvez ele sentisse que tinha cumprido sua missão ao nos mandar para o mundo. Talvez não tivesse nada a ver com a gente. Talvez ele só estivesse cansado de lidar com as ondas da depressão. Talvez não tivesse forças para sair do fundo do poço mais uma vez. Mas nenhuma dessas análises me dava uma resposta que parecesse minimamente satisfatória, a resposta que o traria de volta. "Por quê?" era a pergunta errada. Mesmo assim, era a única que eu não conseguia parar de fazer.

No último Natal que passamos juntos, Jamie e eu demos para nosso pai um roupão de banho azul, macio e comprido. Fui a uma grande loja de departamento, onde pedi a um atendente estressado que me mostrasse a seção de chambres.

— O que exatamente você está procurando? — perguntou ele, franzindo as sobrancelhas.

— Um chambre. — Fiz um gesto imitando amarrar algo na cintura. — Sabe? Do tipo que você usa ao sair do banho.

— Ela quer um roupão — traduziu Freesia.

Ela tinha ido comigo para fazer algumas compras também. O vendedor nos levou ao lugar certo.

Morei nos Estados Unidos a vida toda, mas eu acabava tropeçando no vocabulário e usando palavras mais comuns na Inglaterra. Quando queria dizer "elevador", dizia *lift* em vez de *elevator*, se ia falar "caminhão", dizia *lorry* em vez de *truck*, e me referia a "suéter" como *jumper* em vez de *sweater*. Essas dificuldades na comunicação sempre me pegavam de surpresa, cada uma delas um lembrete de que fui criada por um estrangeiro.

No dia de Natal, meu pai adorou o roupão, nos agradeceu e, então, tirou um embrulho com um formato muito estranho da pilha de presentes e entregou para mim. Rasguei o papel e vi uma borboleta de metal do tamanho de uma enciclopédia aberta. O aço das asas tinha sido oxidado para formar um arco-íris. As antenas eram longas, achatadas e tremiam ao toque. A ponta das asas traseiras era fina e afiada como a tampa de uma lata aberta. Eu me sentei no meio da bagunça agradável do dia de Natal, segurando aquele peso considerável no colo, muito confusa.

— Obrigada — falei, observando a expressão esperançosa do meu pai.

Eu não sabia mais o que dizer. A borboleta tinha dois furos no tórax para prendê-la a uma grade ou no tronco de uma árvore. Eu morava em um quarto alugado, em uma casa com cinco outras mulheres, e não tinha onde prender o enorme inseto de metal. Era o tipo de coisa que você talvez colocasse em cima de um berço para que o bebê observasse a luz se refletir nas asas de arco-íris, só que muito maior, mais pesada e perigosa ao toque.

— Eu a vi na loja de jardinagem — contou ele. — E lembrei de você.

Meu pai amava a loja de jardinagem. Amava vagar pelo nosso grande jardim e tinha uma extensa coleção de animais decorativos. Coelhinhos de pedra apareciam entre as moitas de violeta, uma serpente entalhada de madeira que se ondulava para entrar e sair do chão perto do portão dos fundos e um galo mexicano de cerâmica ocupava posição de destaque nos degraus de madeira do deque nos fundos. Aquela deveria ser a primeira peça da minha própria coleção? Simbolizava a vida adulta e sinalizava que eu estava pronta para cuidar do meu próprio jardim? Em algum momento eu tinha expressado um grande amor por borboletas?

Eu costumava pegar borboletas quando tinha uns oito ou nove anos. O campo gramado da escola era repleto delas, brancas, pintadas, coloridas. Eu unia as mãos em concha sobre uma delas e sentia a vibração das asas contra minha pele como se fosse um motorzinho. Havia sempre quatro ou cinco garotas comigo nessa caça a borboletas. Quando uma de nós pegava algo, anunciava isso bem alto e estendia as mãos unidas em direção às outras. Todas se reuniam em volta e olhavam fixamente para as mãos da garota sortuda. Ela não podia abrir demais as mãos, senão a borboleta escaparia. Às vezes, eu fingia ter pegado uma, só para ficar no meio do círculo, segurando apenas ar nas mãos fechadas. Quando tocava o sinal indicando o fim do recreio, nós abríamos as mãos para que nossas presas voltassem para o céu e corríamos pelo campo para entrar na fila de volta para a sala. Eu não pegava borboletas havia pelo menos dez anos.

— Obrigada — repeti e o abracei.

De volta a Berkeley, enfiei a borboleta no armário e me esqueci completamente dela até o dia em que estava procurando uma roupa para usar no funeral. O pesado corpo de metal fez um *bang* alto quando eu a tirei lá de dentro. Segurei as duas asas rígidas como uma pasta de arquivo cheia de páginas de roteiro ou partituras. Eu sabia que nunca mais poderia me desfazer dela. Aquele tinha sido o último presente que meu pai me dera.

Cerca de quinhentas pessoas apareceram no funeral. Eu virei o quarteirão e vi o estacionamento lotado de carros brilhando ao sol de fim de janeiro. Entrei no vestíbulo de pé-direito alto do auditório e vi quase todo mundo que eu conheci na vida. Se ao menos pudéssemos ter nos reunido na semana antes da morte dele, pensei, em vez de uma semana depois... *Veja só*, a multidão teria dito para ele, *veja como você é valorizado, querido e amado.*

O mesmo pastor de cabelo comprido e violonista que casara meu pai e Shirlee sete anos antes conduziu a cerimônia. Não me lembro de nada que ele disse, só da minha gratidão por ele não condenar nem julgar, apenas lamentar a nossa perda. Algumas pessoas discursaram, e as palavras se acumularam como grãos de areia, enchendo um cantinho de um vasto espaço vazio. David se levantou, inesperadamente, para dizer que sentia muito se algo que ele fizera pudesse ter levado meu pai a desejar morrer. Pela primeira vez, eu me perguntei se havia alguém se certificando de que David tinha alguém com quem conversar sobre o assunto depois de encontrar o corpo.

Fiquei sentada ao lado de Jamie na primeira fila, usando o colar de pérolas da nossa mãe e a única saia preta que encontrei no meu guarda-roupa, uma que tinha um furo perto da costura que revelava um pedacinho de pele em forma de lua crescente. Eu não parava de dobrar e desdobrar a página que imprimi antes de sair de casa.

Naquela manhã, Jamie e eu caminhamos com tio Ward pelo cemitério. Fomos seguindo pelas trilhas desordenadas até chegar ao túmulo da nossa mãe. Os lírios que plantei estavam dormindo e cobertos por um tapete de folhas caídas.

— Crianças — disse tio Ward, sentando-se no muro baixo de concreto diante da lápide —, vocês receberam algumas cartas muito boas neste jogo da vida, e outras muito ruins.

A manhã estava clara e fria, o cemitério salpicado de sombras de um tom de verde-escuro. Chutei algumas folhas sob meus pés, pensando naquilo. O acaso fez com que Jamie e eu nascêssemos cercados de privilégio, conforto e proteção. Tínhamos pais maravilhosos que nos amavam e podiam nos dar do bom e do melhor. Perdê-los não mudava nada daquilo. Alguém poderia perguntar se trocaríamos todos os bens materiais e presentes da nossa vida por mais uma conversa, uma risada ou um choro com eles. Lógico que trocaríamos. E lógico que não também.

Eu tentava há dias escrever alguma coisa para ler no funeral, mas a página ficava sempre em branco. Naqueles dias, ouvi várias e várias vezes que tudo bem eu sentir raiva pelo que meu pai tinha feito. Isso me fez pensar na mulher da instituição de cuidados paliativos que fora nos visitar, quando eu era criança, trazendo suas almofadinhas bordadas. Novamente, a opção de sentir raiva me foi oferecida, e mais uma vez eu não soube o que fazer com ela. Eu não sentia raiva do meu pai, apenas uma tristeza profunda, protetora e quase frenética. Era como se ele e eu estivéssemos andando juntos e ele de repente tivesse se virado para me mostrar um ferimento fatal que eu não fazia ideia que ele tinha sofrido. O tamanho do seu sofrimento e a minha incapacidade de notá-lo me deixavam extremamente mal toda vez que pensava naquilo. Foi aquele sofrimento que determinei como causa da morte dele, muito mais do que o nó na corda e as mãos que o ataram. Enxerguei a morte do meu pai como uma prova de que, para ele, a sua vida tinha se tornado insuportável. A decisão de morrer foi prova suficiente para mim de que ele sentia que não havia mais alternativa.

Enfiei as mãos no bolso do meu casaco de moletom. Senti um cheiro fraco, agradável e defumado no ar. Em algum lugar, alguém estava queimando folhas.

— Não sei o que dizer nesta tarde — falei.

— Lógico que não — respondeu tio Ward. — Mas, se soubesse, o que seria?

Na recepção do funeral, os Seis Sensacionais se acomodaram em um único sofá, entrelaçando braços e pernas.

— Vocês parecem um monte de filhotinhos aconchegados uns nos outros — observou alguém que passou por nós.

Ainda nos encontrávamos pelo menos uma vez por ano e mantivemos a intimidade física comum às amizades que começaram na infância, época em que os limites de espaço pessoal ainda são suaves e maleáveis. Fiquei grata de me perder na confusão de braços e pernas como se fôssemos um animal de muitas patas. Eles não perguntaram se eu precisava deles. Simplesmente vieram.

Mais tarde naquela noite, depois de algumas taças de vinho tinto, fui procurar Jamie.

— Se um dia eu for burra o suficiente para me casar — falei, um pouco ébria —, você entra na igreja comigo?

Era estranho dizer isso para alguém que já era casado havia três anos, mas ele só sorriu.

— Pode contar comigo — respondeu ele, colocando a mão no meu ombro.

— Ai, que bom.

O pedido foi um reflexo emocional. Eu queria sentir que havia alguém na minha vida que pudesse preencher o papel que meu pai deixou vago. Ao mesmo tempo, porém, eu não tinha como pedir aquilo de forma mais simples e vulnerável. Toda a logística de um casamento parecia uma furada cada vez maior para mim. Ambos os casamentos do meu pai acabaram com a morte prematura de alguém. Naquele momento, a lição era evidente: *forme uma família e o mundo vai dar um jeito de acabar com ela.*

Mais tarde naquela noite eu encontraria o bondoso médico que cedera para minha mãe o lugar dele no cemitério.

— Eu já te contei como sua mãe me pediu o jazigo? — perguntou ele.

— Não — respondi.

Mesmo que já tivesse contado a história, eu pediria que ele a repetisse. Vivi muitos anos implorando informações sobre minha mãe, juntando objetos, cartas e histórias para dar forma à pessoa que perdi. Eu passava tempo com os amigos dela porque os amava, mas também porque, a qualquer momento, um deles poderia ver algo — uma árvore, um restaurante, uma expressão no meu rosto — que os fizesse lembrar dela.

"Eu já te contei...?", começavam eles, e eu teria mais uma lembrança para a minha coleção.

"Eu já te contei" se tornaram minhas quatro palavras favoritas. Elas sinalizavam que eu estava prestes a ser transportada, levada pela magia das palavras de outra pessoa, direto para o passado.

Meu pai foi enterrado na parte nova do cemitério, com os gramados verdejantes e flores coloridas de plástico. Eu tinha presumido que ele seria cremado, como a minha mãe, mas Shirlee preferiu um sepultamento.

Ficamos em volta do buraco aberto enquanto o caixão baixava. No fundo da cova, alguém colocara uma camada de cimento. *Estranho colocar tantas barreiras entre o defunto e a terra*, pensei. O corpo do meu pai estava dentro de um caixão que seria colocado em um buraco cimentado. Tentei não pensar em quanto tempo levaria para ele se decompor.

Havia cerca de dez pessoas em volta do túmulo. Tio Q colocou sobre a tampa de madeira do caixão um sapinho de plástico — do tipo que espirrava água por um buraco na boca —, uma saudação final ao seu amigo e parceiro de pegadinhas. Quando chegou a minha vez de fazer uma homenagem, recitei alguns versos de "A Senhora de Shalott", de Tennyson. Desde que me entendo por gente, meu pai mantinha pendurado na parede do corredor perto do quarto um quadro com a gravura da pintura de Waterhouse, retratando a mulher flutuando em direção a Camelot. O longo poema traz várias coisas que meu pai valorizava: romance, cavalheirismo e honra. A senhora de Shalott também escolhera a própria morte.

Mas Lancelot ficou a pensar um pouco
E disse: "Tem uma cara formosa
Deus na sua misericórdia deu-lhe graça
À Senhora de Shalott".

A caminho de casa, Jamie e eu paramos no túmulo da nossa mãe, que ficava a cinco minutos do túmulo do nosso pai. Foi do jeito que sempre deveria ter sido: não eram marido e mulher, enterrados lado a lado, mas vizinhos cordiais a cinco minutos de distância.

Levamos uma semana para ver tudo que tinha na casa em que moramos a maior parte da vida. Naquela semana, Jamie e eu dormimos nos nossos quartos de infância e caminhamos pelos corredores em que costumávamos escorregar com meias felpudas pelo piso de tábua corrida de pinho amarelo.

Nos sentamos no sótão com as pernas cruzadas em meio às pilhas de caixas de papelão, separando a nossa história. O ar abafado tinha cheiro de lascas de madeira. Embaixo das tampas empoeiradas, encontramos os antigos projetos de arte de Jamie ao lado dos meus primeiros contos. Em uma caixa, encontrei vários dos meus dentes de leite, junto a todas as cartas que eu já tinha escrito para o Papai Noel. Em outras, desenterramos enfeites artesanais de Natal, o conjunto de jantar de porcelana do casamento de nossos pais e bandejas de prata. No início da vida adulta, nossas casas eram pequenas demais para guardar mesmo que só uma fração de tudo que encontramos. Jamie e a família moravam em uma casinha alugada, e eu morava em um quarto. Ainda assim, gostei da brincadeira de segurar as coisas e perguntar: "O que você acha que é isso?" ou "Você se lembra de quando...?".

Quando éramos crianças, às vezes nos aventurávamos pelos degraus estreitos da escada dobrável que descia do alçapão no teto do corredor do segundo andar. O sótão costumava ter ratos, então havia ratoeiras espalhadas pelos cantos. Jamie e eu às vezes os ouvíamos, lá debaixo, nos nossos quartos, subindo pela glicínia que revestia a fachada da casa.

— Tem algum esquilo noturno do lado de fora da sua janela? — perguntou Jamie uma noite logo depois de bater na minha porta. Ele tinha dezessete anos, e eu, treze.

— Só uns ratos — respondi.

— Ah, sim. — Ele sorriu para mim, com seu roupão verde atoalhado. — São ratos mesmo, eu só não queria te assustar.

Encontramos caixas de cartas e diários preenchidos pela metade. Tudo que continha a letra dos nossos pais parecia valioso. Uma caixa continha quinze anos de agendas da nossa mãe, e mesmo que não tivessem nada mais interessante do que *almoço com Doug* ou *dentista às 14h*, eu não conseguia resistir a virar as páginas e passar os dedos sobre as marcas que a caneta dela fizera. Me imaginei levando tudo aquilo comigo, guardando por anos, e outra pessoa encontrando-as depois da minha morte e também se perguntando o que fazer com aquilo. No fim, deixamos as agendas onde as encontramos. Não poderíamos simplesmente jogá-las fora, e não poderíamos levá-las com a gente. O sótão abrigou nossas lembranças por anos; sem isso, Jamie e eu teríamos que aprender a guardá-las em nossa mente. O testamento do nosso pai revelou que ele tinha deixado a casa para a esposa. Tio Ward era o testamenteiro e, quando ele me disse isso, fiquei um pouco chocada. Eu amava aquela casa como se fosse um ser vivo, e foi difícil para mim acreditar que, depois de todos aqueles anos, nenhuma parte dela seria minha. Por outro lado, eu sabia que nunca mais conseguiria morar lá.

Empacotamos os álbuns de fotografia, as gravuras da nossa avó e as pinturas do nosso bisavô. Tiramos as fitas VHS do cofre à prova de fogo para que a esposa de Jamie as mandasse para serem convertidas em DVDs. Fiquei com o urso de pelúcia do nosso pai, chamado Edward, com seus pelos gastos e enchimento duro como um saco de cimento, camisa de botão xadrez e sapatos vermelhos. Cada um pegou seu baú. Shirlee nos disse que poderíamos deixar o que quiséssemos para trás, que ela guardaria para nós. Mas senti uma necessidade urgente de identificar o que era precioso e praticar o desapego em relação ao resto.

No escritório do nosso pai, encontrei uma gaveta com todos os nossos boletins do ensino médio, certificados de prêmios e todos os programas das peças nas quais eu já tinha atuado. Eu não fazia ideia de que ele tinha guardado tudo aquilo, e a gaveta pareceu uma resposta para algumas perguntas que eu nem sabia que queria fazer. Deixamos tudo lá dentro e a fechamos.

Antes de ir para a universidade, David me chamou.

— Cuide-se — disse ele. Fiquei surpresa e tocada com o carinho na voz dele. — Faça exercícios físicos — aconselhou. — Essa é a melhor forma de prevenir a depressão. Não sei como é possível se recuperar de algo assim. Se eu fosse você... — ele parou para pensar um pouco —... acho que me casaria.

David me abraçou. Acho que nós dois sentimos que não nos veríamos muito depois daquilo. Durante toda a nossa adolescência, tentamos muito fingir que o outro não existia. Os fios tênues que prendiam nossas vidas completamente diferentes tinham se rompido, e enfim estávamos livres para nos despedir. Desejei o melhor para ele.

Jamie e eu colocamos as coisas no meu Volvo e nos preparamos para partir. Nós retornaríamos à casa mais algumas vezes depois daquilo, mas nunca mais ela voltou a ser a nossa casa.

Jamie me acompanhou até Berkeley e dormiu no sofá da minha sala. Sally tinha voltado para ficar com os filhos, mas o incentivou a ficar mais um pouco. Pensei em trancar a faculdade por um semestre, mas as mensalidades já estavam pagas e eu não conseguia pensar em nenhuma outra coisa para fazer. Meus pais deixaram dinheiro suficiente para eu terminar a faculdade, e mais ainda para fazer pós-graduação, se eu quisesse. E eu era muito grata por isso. Eu tinha uma colega que perdera os pais e dependia de empréstimos da universidade para comprar livros e comida. Depois da formatura, ela ficaria por conta própria.

Eu me sentia mal por deixar Jamie sozinho o dia todo enquanto eu ia para as aulas, mas ele garantiu que não se importava.

— Você nem imagina o quanto fico feliz de ler ou assistir à TV sem ter ninguém me pedindo comida ou para limpar cocô — dizia ele. Então eu o deixava no meu quarto.

Ficava grata porque os professores interrompiam meu constante fluxo de pensamentos. Eu não parava de imaginar a corda, a árvore e os pés pendurados no ar.

No fim da tarde, Jamie e eu assistíamos à série *Firefly* na Netflix.

— São caubóis do espaço — disse ele, tentando me convencer a assistir ao primeiro episódio. — Impossível não gostar.

Ele ficou comigo por quase uma semana, então voltou para a Carolina do Norte.

— Sabe — disse ele enquanto arrumava a mochila para ir para o aeroporto —, você poderia vir morar com a gente. Se quiser e tal.

Ele não olhou para mim quando disse isso. Não estava fazendo um gesto grandioso, só dando uma sugestão. Eu o envolvi em um abraço. Não fazia o menor sentido, obviamente — a casa deles mal abrigava os quatro. Mas eu o amava por ter dito aquilo, por me mostrar que existia um lugar no mundo para mim.

Finalmente voltei para os ensaios da peça, após faltar por algumas semanas. O diretor tinha sugerido encontrar outra pessoa para o meu papel, caso eu não quisesse mais fazer, mas fiquei muito grata por passar um tempo com outras pessoas. Meu papel exigia um sotaque inglês, e a produção contratou uma instrutora de dialetos para me ajudar de tempos em tempos sob as luzes fluorescentes do porão da Zellerbach Hall. Passei a vida ouvindo o sotaque da Inglaterra, mas a instrutora queria um dialeto de época, algo mais pomposo e nasal do que o que eu ouvia do meu pai. Sempre que tentava dizer uma fala, ouvia meu pai, e toda vez a instrutora precisava me afastar dele. Ela passou horas me afastando lentamente das minhas lembranças até que conseguir algo novo.

A peça era um novo roteiro de Philip Kan Gotanda sobre a vida de Chang e Eng Bunker, famosos gêmeos siameses. Eu fazia o papel da excêntrica aristocrata que faz amizade com os irmãos em Londres e os apresenta à alta sociedade britânica. O roteiro ainda estava sendo trabalhado e o autor às vezes nos interpelava para perguntar:

— O que você acha que diria aqui? O que você acha que faria?

Todas as noites, eu vestia um espartilho e anquinhas e viajava no tempo para a Londres dos anos 1830, onde minha vida ainda não tinha acontecido.

Em 1874, Chang Bunker foi o primeiro dos gêmeos a falecer. Eng Bunker permaneceu preso ao irmão falecido por várias horas antes de ele próprio morrer. *Sim*, eu pensava todas as noites, assistindo aos últimos minutos escondida nas coxias escuras, *isso é luto de verdade. Como se houvesse uma outra versão de você mesmo que se perdeu, mas que você continua carregando consigo.*

Depois que Jamie partiu, comecei a sonhar que meu pai ainda estava vivo. Eu esbarrava com ele em uma livraria ou no supermercado. No início eu ficava feliz, mas depois me sentia muito culpada.

— Ai, meu Deus! — dizia eu, abraçando-o. — Eu falei para todo mundo que você morreu. Dá pra acreditar em uma coisa dessas? Desculpa! Foi maluquice da minha cabeça.

Então, comecei a sonhar que estava com o meu pai no jardim dos fundos. Eu pegava a mão dele e dizia que entendia que ele estava mal. Quando eu não conseguia convencê-lo a desistir de tirar a própria vida, eu o ajudava, às vezes com a corda, às vezes com uma faca. Porque eu não queria que ele ficasse sozinho.

Antoinette veio me visitar em Berkeley e me levou para jantar.

— É tão estranho pensar que ele tirou a própria vida — falei, revirando a salada de beterraba pelo meu prato — depois de tudo que a mamãe fez para viver. Ela lutou muito.

Antoinette espetou uma das beterrabas do meu prato com o garfo dela.

— Ainda assim, não há motivo para achar que ele não lutou com tanta coragem quanto ela.

O décimo aniversário de morte da minha mãe aconteceu três semanas depois da morte do meu pai. Eu não tinha ideia do que fazer na data. Ela ainda nem teria feito sessenta anos.

Nas caixas cheias de poeira no sótão, encontrei uma edição da revista *People* de 1975, guardada cuidadosamente em um envelope de papel pardo. A revista continha um perfil de três páginas sobre minha mãe e uma empresa sem fins lucrativos que ela fundara com um sócio em Santa Cruz, quando tinha vinte e três anos, para fornecer produtos orgânicos a idosos pobres. A matéria era ilustrada por uma grande foto em preto e branco, com minha mãe de túnica branca bordada e rabo de cavalo baixo falando a um daqueles telefones antigos de discar. *Só um ano mais velha que eu*, pensei, tocando a foto. Eu sabia que minha mãe tinha trabalhado em firmas de advocacia e sem fins lucrativos antes de ir para a capital do país, mas, até aquele momento, nunca tinha entendido direito como era. Tinha imaginado uma organização comunitária de pequena escala, nada que tivesse projeção nacional. Olhando para a foto, novamente senti o peso de todas as oportunidades perdidas de perguntar mais sobre a minha mãe. A vida dela naquela página parecia repleta de propósito. Eu me perguntava se o que o meu pai e John disseram quando eu estava em Boston era verdade, se eu realmente tinha a determinação dela.

No mesmo envelope havia um exemplar de 1977 da revista *Mademoiselle*, que dedicou várias páginas no fim da edição à matéria

"Doze mulheres maravilhosas". A foto da minha mãe trazia a legenda: *Kristina Mailliard, ativista*, e estava ao lado da de *Meryl Streep, atriz*, e *Ntozake Shange, roteirista*. As páginas lustrosas eram como os registros na agenda dela, situando-a no tempo, provando sua existência. Eu gostaria que cada ano da vida dela pudesse ter sido documentado em detalhes tão claros e oficiais.

A morte do meu pai só aprofundou meu desejo de conhecer a história da minha mãe. Essa segunda perda partiu algo dentro de mim, e eu me sentia sem raízes, à deriva. Desejava algo a que eu pudesse me agarrar. Depois de voltar de suas aventuras na Europa, minha mãe foi para a universidade em Santa Cruz, onde passaria a maior parte dos dez anos seguintes. Lá, ela e seu namorado da época abriram a empresa sem fins lucrativos que recebeu o nome de Grey Bears.

Na segunda página da matéria da *People*, uma foto menor mostrava minha mãe beijando um cara alto, de trinta e poucos anos, cabelo na altura dos ombros, bigode, vestindo short cáqui com cinto. Lia-se na legenda que ela e seu sócio estavam "trabalhando juntos" na sede. Reconheci o homem na fotografia. Ele fora à nossa casa uma vez, perto do Natal, quando minha mãe já estava bem doente. Nós dois jogamos basquete diante da porta da garagem. Ele tinha se destacado de alguma forma do fluxo de tantas outras pessoas que costumavam visitar nossa casa. Senti na época o que considero evidente agora: a forma como um ex-amante sempre carrega o rastro de uma realidade alternativa, trazendo consigo o espectro de uma vida não escolhida.

Nos anos que se passaram desde que terminei com Zach, tive dois relacionamentos sérios. Apesar do medo que minha mãe expressou na carta para a minha primeira menstruação, de eu não me sentir digna de ser amada, esses dois homens foram bondosos e carinhosos. Ela estava certa, porém, ao prever que eu me sentiria atraída por homens mais velhos, exatamente como ela. Eu amava o comodismo de namorar alguém que já tinha a própria casa, com seus livros, móveis e garagem. No entanto, mesmo desejando segurança e estabilidade, também sabia que não queria me casar, e os dois relacionamentos acabaram porque não iam mais a lugar algum. Eu tinha escolhido homens que queriam compromisso, depois me vi incapaz de dar isso a eles. Em ambos os casos, conseguia ver a vida que teríamos tido juntos, mas o futuro sempre me assustara. Olhando para a revista, pensei naquela outra vida que minha mãe poderia ter tido. Ela poderia ter se casado com o homem da foto e ficado em Santa Cruz, e eu nunca teria existido.

Dez dias depois do aniversário de dez anos da morte da minha mãe, fiz vinte e dois anos.

Tirei do baú dois colares de conchas do sudoeste. Folheei o caderno de desenho até achar a página em que ela tinha colado as fotos do presente, mas o espaço embaixo estava em branco. Por algum motivo, ela tinha pulado aquela página. Durante aquele ano, o décimo sem minha mãe e o primeiro sem meu pai, não houve nenhuma palavra.

A̲niversário de vinte e dois anos:

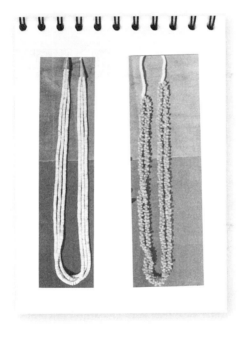

Para comemorar meu aniversário de vinte e dois anos, Sandy, a prima da minha mãe, e sua amiga Anne me levaram para passar a noite em uma cobertura maravilhosa em São Francisco. O enorme apartamento de luxo ficava na Green Street, em Russian Hill. Os donos, amigos da família, estavam viajando naquele fim de semana. Sandy, Anne e eu preparamos um jantar simples na magnífica cozinha, digna de restaurante, e, para comer, nos acomodamos em um canto usado para o desjejum. Ficamos acordadas até tarde, tomamos champanhe rosé e aproveitamos a incrível vista da cidade que se estendia diante de nós.

Sandy me deu um dos entalhes da vovó Liz que ela tinha havia anos, intitulado *Vacas em uma colina*. As vacas malhadas de preto e branco estavam colocadas de forma que pareciam fluir de uma para a outra e era difícil saber onde uma criatura começava e a outra terminava. *Um rebanho de mulheres*, pensei.

Tarde da noite, nós três nos deitamos em uma cama *king size*. Deitada entre elas, eu me senti criança de novo, engatinhando para me deitar no meio dos meus pais depois de um pesadelo. Mas, algumas horas depois, acordei sozinha. Chamei por elas no escuro, em pânico. O quarto estava quente demais. Encontrei o termostato no corredor, mas havia tantos botões e comandos que não sabia o que fazer. Mais adiante no corredor, encontrei Sandy e Anne dormindo, deitadas em móveis elegantes, como se alguém tivesse balançado uma varinha mágica fazendo com que caíssem onde estavam. De manhã, descobri que elas tinham acordado por causa do calor, tentado ajustar o termostato e falhado. Elas, então, buscaram um canto um pouco mais fresco na sala. Eu encontrei uma namoradeira e me encolhi perto delas.

No verão depois do meu penúltimo ano, o departamento de teatro de Berkeley ofereceu um programa internacional na Trinity College em Dublin, na Irlanda. Quando o programa foi anunciado no outono, eu melancolicamente me imaginei como o tipo de pessoa que entraria em um avião com um grupo de conhecidos para passar meses em outro continente. Na semana depois que voltei do funeral do meu pai, fui ao quadro de avisos do lado de fora da cabana de madeira que abrigava o Departamento de Estudos de Teatro, Dança e Artes Cênicas e coloquei meu nome na lista.

Nunca achei que fosse conseguir me desgarrar da minha casa. Já acreditei que sentiria esse apego, de um jeito ou de outro, pelo resto da minha vida. Eu nem me lembrava de uma época em que não me preocupava com o lugar e a proximidade, medindo constantemente a distância entre mim e as pessoas que eu amava.

Mas tudo mudou depois da ligação de David. A minha liberdade não veio de forma gradual, mas no espaço de uma conversa. Percebi que os meus medos não tinham me protegido, então me desapeguei deles. Depois daquilo, nunca mais senti medo de partir. No início, não fiquei feliz com essa descoberta. O custo era alto demais. Como um animal que roeu um dos próprios membros para escapar de uma armadilha, eu precisaria de tempo para fazer as pazes com o que tinha perdido e apreciar o que tinha ganhado.

Quando entrei no avião para ir para a Tufts, senti que estava deixando tudo que eu amava para trás. Quando entrei no avião para a Irlanda, senti que a distância mal importava. Para onde quer que eu fosse, meu pai ainda estaria morto.

Amei Dublin logo de cara. Os edifícios eram altos o suficiente para atrair o olhar, mas baixos o bastante para vermos o céu. A arquitetura do século XVIII da Trinity College me envolvia como um glorioso casulo de pedra, e, todas as manhãs, eu acordava com a vista do pequeno jardim bem cuidado e com gramado verdinho da New Square. O pai do meu pai tinha feito engenharia civil na Trinity algumas décadas antes, o único dos sete filhos da sua família de fazendeiros irlandeses a ir para a faculdade. Aquele lugar tinha um minúsculo e antigo pedaço da minha história, um fragmento do fio que ligava minha vida à do meu pai tanto no futuro quanto no passado.

Nosso currículo em Dublin era todo voltado para peças de teatro: ler, assistir, apresentar e escrever sobre elas. Aquela dieta intelectual parecia tão extravagante quanto as refeições ricas em amido e os copos de Guinness que eu consumia diariamente nos pubs. A conexão da Irlanda com os próprios roteiristas era diferente de tudo que eu já tinha visto. Nos teatros irlandeses, o público geralmente conhecia o roteiro de cor. Fui a uma produção de *Translations*, de Brian Friel, no Abbey (o teatro nacional da Irlanda), e fiquei observando enquanto as pessoas à minha volta acompanhavam as falas dos atores com os lábios. Parecia que eu estava na igreja.

Em uma noite chuvosa, assistimos a uma nova peça em um pequeno teatro em algum lugar de Temple Bar, e, no meio do segundo ato, havia um enforcamento. Ao ver o nó da forca, senti minhas mãos pinicarem. Quando um ator se aproximou da corda, fechei os olhos.

Depois disso, fiquei esperando no beco perto do teatro para o resto do meu grupo atravessar o vestíbulo cheio, deixando o ar frio da noite baixar a temperatura do meu corpo. Nos cinco meses desde a morte do meu pai, comecei a notar alusões ao suicídio por todos os lados — nos livros, em filmes, nas mídias sociais —, mas nunca nada tinha me afetado daquele jeito. Foi a imagem do nó da forca em si. Com ela, veio a torrente de perguntas que eu queria esquecer. Os últimos momentos do meu pai, antes e durante o ato, tomaram conta da minha mente. Eu não sabia se meu pai tinha pulado de algum lugar ou se tinha derrubado o apoio que o sustentava. Não sabia em que árvore ele tinha amarrado a corda. Todas essas perguntas pareceram difíceis demais de fazer logo depois do ocorrido, e se tornaram impossíveis com o passar do tempo. A simples visão do nó em uma corda as trouxe de volta em um fluxo que inundava a minha mente. Eu sentia que saber as respostas seria o mais perto que eu conseguiria de estar com ele no momento em que aquilo aconteceu.

A aluna de doutorado responsável pelo grupo foi atrás de mim.

— O que houve? — perguntou ela, as luzes amarelas da iluminação pública lançando um brilho metálico no cabelo ruivo e curto. — Tá tudo bem?

— Tá — respondi. Depois de um tempo, completei: — Não consigo lidar com enforcamentos.

— Ah, sinto muito — disse ela. — Eu não sabia.

— Tudo bem — respondi. — Eu também não sabia.

A irmã do meu pai organizou um segundo funeral para ele em Londres, para aqueles que não puderam ir para a Califórnia em janeiro. Meu avô já tinha mais de noventa anos e era difícil para ele viajar de avião. Depois do meu programa na Trinity, peguei um voo rápido para Londres e dirigi para o Sul, seguindo para a pequena vila onde ele morava. Encontrei a casa praticamente igual depois de meia década desde a última vez que eu estivera ali. O gramado imaculado se estendia além do jardim e descia uma colina íngreme até uma fileira de árvores na parte mais baixa do pequeno vale. Até poucos anos antes, ele cortava a grama com um cortador manual. Ele preparou um almoço para nós e o serviu na mesa de jantar com jogo americano e guardanapos de tecido. Depois tirou uma caixa de sobremesa de morango e chantilly do freezer e abriu uma garrafa de champanhe.

Sentado ao sol com sua taça, ele parecia muito com o meu pai. Eu imaginava que, à medida que os anos se passassem, meu pai teria ficado cada vez mais parecido com o homem sentado ao meu lado. O cabelo dele teria ficado ralo e as mãos ficariam cheias de pintas da idade. Ele já estava usando óculos de leitura, e, quando chegasse aos noventa anos, também precisaria usá-los o tempo todo. Meu pai também adorava champanhe.

Tentei conversar com meu avô sobre a Trinity, falar das construções lindas e da paz e tranquilidade que senti lá. Esperava que meu avô falasse da época que passara lá, décadas antes, mas ele só compartilhou algumas poucas recordações. Era um homem taciturno, evitava cuidadosamente o terreno das emoções, como um típico inglês. Sua época na faculdade, eu descobriria mais tarde, tinha sido complicada por uma dislexia não diagnosticada, inseguranças em relação à educação rural e o conflito com uma irmã mais velha invejosa que convencera o pai a parar de mandar dinheiro para ele. Eu esperava que o tempo que passei em Dublin pudesse nos aproximar, mas a cidade pertencia a uma parte da vida do meu avô que ele desejava esquecer.

Sentada ali, eu queria alguma coisa dele, algum tipo de perspectiva em relação ao que tinha acontecido. Eu me esforcei para verbalizar as perguntas.

— Você ficou surpreso com a morte do papai? — perguntei por fim.

Meu avô ficou em silêncio por um tempo, olhando para a fileira de árvores ao longe.

— Casar de novo nunca funciona — disse ele.

E isso foi tudo.

O voo de Jamie para Londres foi cancelado no último minuto, então eu li o que ele tinha escolhido, a mesma coisa do primeiro funeral. Ele selecionara alguns trechos de *O Retorno do Rei*, de J. R. R. Tolkien.

> — *Aonde o senhor vai, Mestre?* — *exclamou Sam, embora finalmente percebesse o que estava se passando.*
> — *Para os Portos, Sam* — *disse Frodo.*
> — *E eu não posso ir.*

— *Não, Sam. Pelo menos não por enquanto, não além dos Portos. Embora você também tenha sido um Portador do Anel, mesmo que por pouco tempo. O seu tempo pode chegar. Não fique muito triste, Sam. Você não pode sempre ficar dividido em dois. Terá de ser um e inteiro, por muitos anos. Ainda tem muito para desfrutar, para ser e para fazer.*

— Mas — disse Sam, com as lágrimas brotando em seus olhos — *achei que o senhor também ia desfrutar o Condado, por muitos e muitos anos, depois de tudo o que fez.*

— *Eu também já pensei desse modo. Mas meu ferimento foi muito profundo, Sam. Tentei salvar o Condado, e ele foi salvo, mas não para mim. Muitas vezes precisa ser assim, Sam, quando as coisas correm perigo: alguém tem de desistir delas, perdê-las, para que outros possam tê-las. Mas você é meu herdeiro: tudo o que tive e poderia ter tido lhe deixo. E também você tem Rosa e Elanor; e o menino Frodo virá, e a menina Rosinha; e Merry, Cachinhos Dourados e Pippin, e talvez ainda outros mais que eu não consigo ver. Suas mãos e suas atenções serão necessárias em todo lugar. Você será o Prefeito, é claro, enquanto quiser ser, e o jardineiro mais famoso da história; e você lerá coisas no Livro Vermelho, e manterá viva a memória da era que se passou; assim as pessoas se lembrarão do Grande Perigo e amarão mais ainda sua terra querida. E isso o manterá tão ocupado e feliz quanto alguém pode estar, enquanto prosseguir a sua parte da História.*

Jamie tinha chorado ao ler, pensando, imagino, não apenas em si, mas também nos dois filhos pequenos, que cresceriam sem conhecer avô. Ao mesmo tempo, as palavras pareciam conter uma esperança em relação a como a morte seria, talvez o encontro de um refúgio depois de uma jornada longa e exaustiva.

Na recepção posterior, as pessoas fizeram perguntas cuidadosas. Algumas não viam meu pai havia dez anos ou vinte, e elas me procuraram, exatamente como eu tinha feito com David, esperando encontrar respostas. Eu não tinha nenhuma. Os detalhes sobre o fechamento da escola pareciam tão frágeis e enganosos que eu mal queria mencioná-los. Eu sabia que meu pai não tinha tirado a própria vida porque a escola ia fechar. E, ao mesmo tempo, sabia que sim. Para mim, todas aquelas perguntas que me fizeram e as que eu me fazia se resumiam a um conjunto geral de alternativas: o suicídio dele poderia ter sido evitado ou era inevitável? Eu não sabia a resposta certa, nem a ideal.

Um ano depois da morte do meu pai, Shirlee me ligou e me convidou para um jantar de comemoração do meu aniversário de vinte e três anos. Havia meses desde a última vez que eu tinha ido à casa da McDonald Avenue. Eu nem sabia mais o que nos conectava. Shirlee tinha um novo namorado, e os dois foram me buscar em Berkeley.

Chegaram no carro do meu pai. Pela janela do meu quarto cinza como o céu nublado, observei o Toyota branco parar diante da garagem. Não queria ver os dois descerem do carro, então peguei o casaco e saí antes que eles desligassem o motor.

O namorado estava dirigindo. Entrei no banco de trás e ajeitei minha roupa. Íamos a um bom restaurante, por isso eu estava com o meu vestido preferido. Era preto com estampa de origami *orizuru*.

— Oi — dissemos todos nós.

Seguimos pela Stuart Street em direção ao Shattuck. No banco da frente, Shirlee estendeu o braço e o colocou no encosto de cabeça do motorista, exatamente como costumava fazer quando meu pai dirigia.

O gesto rompeu algo dentro de mim, e fui inundada de lembranças:

... Minha mãe, meu pai, Jamie e eu estávamos no carro a caminho de um show. No banco de trás, Jamie tinha começado a torcer o meu braço e eu gritei.

— Gwenny, para com isso — disse nossa mãe do banco da frente.

Ela colocou a mão no encosto do banco do nosso pai e se virou para mim.

— Mas... — comecei a protestar.

— Não importa quem começou!

Jamie sorriu para mim.

... Meu pai, Jamie e eu cortando as ruas em alta velocidade a caminho da escola.

— A toda velocidade, e que se dane o resto! — gritou meu pai.

As luzes azuis e vermelhas de uma viatura começaram a brilhar atrás de nós...

... Shirlee, meu pai e eu levando Tippy ao veterinário pela última vez, a cabeça de pelos pretos e brancos no meu colo, os olhos de cores diferentes semicerrados...

... Shirlee estava dirigindo a caminho do cemitério e eu estava no banco do carona, usando a saia preta com um furo...

Agora, um homem que eu nunca tinha visto na vida estava no banco do motorista, com Shirlee do lado, e eu no banco de trás do mesmo carro... tantos anos depois. Senti um impulso de abrir a porta em algum sinal vermelho e sair correndo no meio da rua. Mas continuei imóvel, olhando para os desenhos de origami no meu colo.

No restaurante, conversamos com cordialidade. O novo namorado parecia legal e inteligente, uma pessoa que eu gostaria de conhecer em qualquer outro contexto. Fiquei feliz por Shirlee ter conhecido outra pessoa. Talvez agora pudéssemos começar a nos desvencilhar da nossa frágil ligação, e eu poderia esquecer da adolescente cheia de mágoas que ainda me tornava às vezes quando estava com ela.

Uma vez, quando eu tinha dezesseis anos, Shirlee tinha me visto pegando uma grande quantidade do seu caro xampu tonalizante. Ela não disse nada na hora, porém, mais tarde, me deu um frasco de presente. Ela foi elegante, e aquilo me fez querer ser elegante e generosa também. Olhei para o casal diante de mim na mesa. A esposa do meu pai e o novo namorado dela pareciam felizes. Depois do jantar, eles me levaram para casa e foram embora.

Quando eu tinha dez anos, meu pai me deu um porta-joias de couro vermelho, cheio de compartimentos para brincos, colares e anéis. Tinha uma parte que poderia ser retirada para ser levada em viagens. Uma plaquinha de latão no alto indicava: *Para Gwenny, com amor*. Na manhã da minha formatura na faculdade, o porta-joias começava a ficar cheio, os presentes da minha mãe lentamente ocupando os espaços aveludados.

Amei tanto este anel que seu pai me deu de presente. A pedra original soltou e eu mandei colocar uma nova. Quando minha aliança de casamento ficou apertada demais, eu a substituí por este anel. Nunca enjoei dele, nem encontrei nenhum que eu achasse mais bonito. Não sei por que gostava tanto dele. Gosto é uma coisa engraçada. Enfim, espero que você goste dele também.

Beijos, mamãe

Comprei um vestido novo para a formatura, de seda branca com grandes círculos roxos. O anel que encontrei no baú, com sua ametista de um tom escuro de roxo ladeada por cristaizinhos transparentes, combinava perfeitamente. Durante muitos anos, achei que eu nunca teria o direito de abrir essa caixa em particular.

Coloquei o anel e imaginei meu pai pegando a minha mão depois da cerimônia de formatura. Ele diria: "Muito bem." Era isso que ele sempre dizia, não importava se eu tivesse ganhado um prêmio na escola ou caído e ralado o joelho. "Muito bem."

Eu esperaria que ele reconhecesse o anel. Sua primeira aliança de casamento era uma trança delicada de ouro branco, amarelo e rosé que parecia ter sido feita de trigo ou com fios do seu cabelo loiro-avermelhado. Depois da morte da minha mãe, ele a guardou na gaveta superior da cômoda do quarto, e eu às vezes a pegava e girava entre os dedos, procurando o lugar onde as extremidades tinham sido fundidas, mas o círculo sempre continuou perfeito, eterno.

Eu diria para ele que minha mãe tinha escrito sobre a pedra ter soltado e sido substituída, e sobre ter começado a usá-lo como aliança de casamento.

"Caramba", responderia ele. "Eu tinha me esquecido completamente disso."

E não teria o menor problema em esquecer, até porque teria sido um prazer fazê-lo lembrar.

Fui a oradora, e discursei diante das famílias e dos amigos da minha turma do Departamento de Teatro, Dança e Artes Cênicas. Minha família ocupou uma fileira inteira do teatro: Jamie com Sally e as crianças, e os irmãos da minha mãe. Olhando para eles, tive novamente a sensação de ver minha mãe ali, por estar perto de pessoas com o sangue dela. Ela nunca perderia esse momento, quando eu finalmente consegui fazer o que ela sempre soube que eu conseguiria.

Depois da formatura, continuei no quarto alugado em Berkeley, enquanto outros inquilinos iam e vinham. Ainda estava perdida e insegura. Eu tinha vinte e três anos e não tinha pai ou mãe para me dizer o que fazer da vida. A ausência de qualquer expectativa externa me dava uma liberdade que era ligeiramente revigorante e, ao mesmo tempo, aterrorizante.

De novo, eu me voltei para a única coisa que acreditava realmente saber fazer. Alguns amigos da faculdade e eu fundamos uma pequena companhia de teatro em São Francisco. Não tínhamos dinheiro para comprar direitos de produção, então, na nossa primeira temporada, apresentamos exclusivamente peças de autoras mulheres, a maioria nossas amigas. Por isso, escrevi e dirigi minha primeira peça completa sobre três irmãos adultos com dificuldade de escrever o obituário do pai depois de seu suicídio, enquanto um tornado se aproximava da cidadezinha em que moravam. O sucesso modesto da produção nos garantiu um lugar fixo em uma companhia de teatro um pouco maior, e me tornei diretora artística da nossa pequena organização.

Passei o Natal com Jamie e sua família. Os gêmeos estavam com cinco anos, cheios de energia e prontos para se divertir. Eles tinham comprado uma casa em Charleston, Carolina do Sul, e, quando nós cinco nos sentamos em volta da árvore de Natal (de tamanho normal), senti que talvez fosse suficiente para mim pertencer à família dele para sempre. O mergulho repentino e inesperado de Jamie na paternidade acabou me dando uma família depois que me vi sem uma. E embora eu não fosse me agarrar a ela do jeito que me agarrei à casa dos nossos pais, eu ainda tinha um lugar ao qual pertencia.

Voltei para a Califórnia a tempo de passar três dias antes do ano-novo com os Seis Sensacionais na casa em Bodega. Durante nossa quinta reunião, alguém sugeriu que cada um fizesse previsões para dali a cinco anos para colocarmos na nossa cápsula do tempo. Escrevi que em cinco anos eu esperava estar morando na Irlanda e escrevendo peças de teatro. Quando dobrei o pedaço de papel que rasguei de uma sacola de papel pardo e o coloquei no vidro, percebi que aquela era a primeira vez que eu tinha me permitido imaginar o futuro.

Aniversário de vinte e cinco anos:

Em algum momento durante a minha vida universitária nada convencional, tirei um tempo para visitar reservas indígenas no sudoeste: Navajo, Hopi, Zuni, Santo Domingo. Cada um dos adornos está assinado pelo artista que o fez. Isso provavelmente se tornou um item de colecionador.

No avião para a faculdade da pós-graduação, eu me sentei entre Sandy e Anne, que se ofereceram para me levar, em segurança, ao meu novo lar em Providence, Rhode Island. Elas ficaram comigo por vários dias, me ajudaram a encontrar uma casinha para alugar na Federal Hill e fizeram a proprietária prometer ficar de olho em mim. Elas me ajudaram a desfazer as malas, enquanto o resto das minhas coisas, inclusive o baú de papelão, cruzava lentamente o país em um caminhão. Elas me levaram à Target e compraram tábua de corte, produtos de limpeza e papel higiênico. Nós três dividimos um quarto de duas camas no Holiday Inn e nos revezávamos para dividir uma cama.

— Tem certeza de que você vai ficar bem? — perguntaram elas quando colocaram as malas no carro alugado, voltando para o aeroporto.

— Estou bem — respondi com sinceridade.

Já tinham se passado sete anos desde a minha tentativa fracassada de me mudar para o Leste para estudar. Desde então, cada célula do meu corpo já havia se renovado. Aquilo poderia ter acontecido com uma pessoa diferente.

Minha mãe também se mudou para a Costa Leste para fazer pós-graduação quando tinha vinte e poucos anos, mas ela tinha ido estudar administração, e eu estava tentando me tornar atriz. Uma pequena parte de mim se perguntava se ela teria aprovado a escolha de uma carreira tão imprevisível, mas outra, uma parte maior, tinha certeza de que sim, ela aprovaria.

— Você tem jeito para escrever diálogos — dissera ela quando eu tinha uns sete anos, depois de ler uma peça curta que eu tinha escrito para os meus amigos apresentarem. — Talvez você se torne atriz ou escritora.

Ela dissera isso como se fossem coisas perfeitamente razoáveis.

A pequena cidade da Nova Inglaterra tinha proporções reconfortantes, uma bolha em que passei três anos aprimorando a minha arte. Aprendi o caminho de casa até o teatro no centro da cidade, e, por um tempo, não precisei aprender o caminho para nenhum outro lugar. Aprendi o nome dos outros atores e atrizes do meu grupo, e eles se tornaram os únicos nomes que eu precisava saber, as pessoas com quem eu convivia dez horas por dia, seis dias por semana.

Na minha primeira noite sozinha em uma nova cidade, saí para encontrar meus colegas de classe em um barzinho em que, às segundas-feiras, uma orquestra de jazz com dezesseis músicos se apresentava. Eu tinha acabado de pegar uma cerveja e me virei a tempo de ver um homem alto na porta. Ele tinha cabelo cacheado escuro e olhos castanhos simpáticos. Eu o tinha notado cinco meses antes, durante a semana de boas-vindas do programa MFA para novos alunos. Logo em seguida eu tinha tentado ignorá-lo porque sabia que ele provavelmente seria um colega de turma. O fim de semana tinha sido repleto de eventos sociais e oficinas, durante os quais fiquei sabendo que o nome dele era Will, que ele era da Flórida, mas estava de passagem por Nova York, e que eu gostava muito do jeito dele de atuar. Na segunda noite, depois de tomar umas cervejas, eu me inclinei para falar ao pé do ouvido dele por cima de todo o barulho:

— E aí, você acha que vai estudar aqui?

Várias pessoas ainda estavam analisando as ofertas de outras instituições antes de decidir.

Will se inclinou na minha direção e respondeu com um sorriso:

— Eu venho se você vier.

No barzinho, tempos depois, o jazz tocando alto, fui na direção do homem na porta. Ele também caminhou na minha direção.

— Você veio — falei.

— Você veio — respondeu ele, e nós nos abraçamos.

Alguns dias depois, Will me chamou para tomar um café e disse o que já sabíamos: que obviamente havia alguma coisa entre nós.

— Mas viemos aqui para estudar — protestei, ainda querendo seguir as regras. — Exatamente como todo mundo. Não é justo que a gente complique as coisas.

Ele sorriu para mim do outro lado da mesa bamba de metal.

— Entendo, mas, com todo respeito, discordo.

Quando fiquei em silêncio, ele continuou:

— Bem, que tal a gente falar de novo sobre isso daqui a umas semanas?

Descobri que a pós-graduação em artes cênicas consistia em ter seu corpo e sua mente completamente separados e depois unidos de novo. Antes de aprendermos a atuar, precisávamos aprender a andar, a falar, a respirar. Várias vezes ficamos sentados em cadeiras por uma hora sem recostar, para fortalecer o músculo do torso. Praticamos subir escadas. Praticamos ficar parados. Praticamos dizer o nosso nome de forma simples e objetiva. Praticamos ocupar o espaço.

Durante a primeira semana, depois de me ver atuando, o professor de movimentação apoiou as mãos nas minhas escápulas, unindo-as para abrir mais o meu peito, ampliando o espaço em volta do meu coração.

— Muito melhor assim — disse ele. — Vamos trabalhar nisso por três anos.

Na aula de oratória, aprendemos o "padrão americano de teatro", um dialeto de palco que parecia o sotaque de alguém que foi criado no meio do oceano Atlântico.

Na aula de voz, enquanto eu estava fazendo um monólogo, o professor pressionou o meu diafragma e minhas pernas pareceram virar água sob meu peso enquanto lágrimas escorriam dos meus olhos.

— Eu ainda não te conheço — disse ele —, mas você está prendendo alguma coisa. Faz ideia do que seja?

Quando o caminhão com as minhas coisas chegou, atrasado havia mais de duas semanas, vários colegas de turma me ajudaram a arrumar tudo. Eles arrastaram móveis e penduraram quadros nas paredes, tudo em troca da cerveja e da pizza que eu tinha oferecido. Eles começaram a ir embora, um por um, até que Will e eu ficamos a sós junto às caixas vazias. Eu me esqueci de todas as minhas restrições enquanto ele me beijava no meio de uma pilha de plástico-bolha.

Eu não fazia ideia do que tinha acontecido com os zircônios que meu pai planejara mostrar para os meus pretendentes, mas, em meio ao som de bolhinhas estourando, consegui imaginar Will analisando cada uma das pedrinhas com todo o cuidado do mundo.

Três meses depois do meu primeiro ano de pós, um estranho invadiu minha casa. Will e eu tínhamos voltado tarde da noite do teatro e encontramos a porta dos fundos entreaberta. Em um primeiro momento, não cheguei a me preocupar. Eu nunca tinha passado por aquilo antes. Só quando subi a escada e vi que alguém tinha remexido nas minhas gavetas e tirado uma fronha do travesseiro foi que pensei no baú de papelão.

Ele estava aos pés da cama, totalmente exposto, literalmente um baú de tesouros no meio do quarto. Fiquei olhando para a tampa laminada. Alguma coisa dentro de mim parecia estar em queda livre, sem nunca chegar ao fundo. Fiz uma lista mental rápida de tudo que ainda havia lá dentro: *presentes referentes aos aniversários de vinte e seis, vinte e sete, vinte e oito, vinte e nove e trinta anos, noivado, casamento, filho.* Enquanto eu estava parada ao lado de Will na porta, o sentimento mais forte dentro de mim era a vergonha. Eu ainda não tinha contado para Will a história do baú. As cartas que eu já tinha aberto também estavam guardadas ali e, se elas tivessem sumido também, se eu as tivesse perdido, eu jamais conseguiria falar com ele sobre nada daquilo. Como eu tinha sido capaz de deixar o baú tão desprotegido? Senti o pânico tomar conta de mim, mas permitir que Will visse meu medo seria admitir a gravidade do meu erro. Era como o colar de coral. Se ninguém soubesse que eu o tinha perdido, talvez a perda não fosse real. Eu me abaixei do jeito mais casual que consegui e abri a tampa.

Meia dúzia de pacotes e alguns envelopes com etiquetas organizadas me saudaram. Não estava faltando nada. Fiz um agradecimento silencioso ao universo. Eu me sentei na cama e, quando voltei a respirar, comecei a rir. Will, ainda parado na porta, franziu as sobrancelhas de maneira solidária.

— Sinto muito que isso tenha acontecido — disse ele.

Não dei atenção ao sentimento que ele demonstrava e continuei rindo descontroladamente.

— Não importa — falei com sinceridade. — Está tudo bem.

O ladrão tinha levado meu laptop, um velho iPod e algumas joias da minha cômoda (nada que tivesse sido da minha mãe). Eu me senti incrivelmente sortuda, como se tivesse recebido todos os presentes do baú de novo. Depois, quando a polícia veio e foi embora, coloquei o baú em uma prateleira bem alta no fundo do armário, escondido atrás de uma pilha de cobertores, e prometi a mim mesma passar a ser mais cuidadosa.

Na primavera, os pais de Will vieram visitá-lo e nos assistir na produção estudantil da peça *Savage in Limbo*, de John Patrick Shanley. Fiquei bem nervosa com a presença deles na plateia.

— Ouvi tanto a seu respeito! — falei para a mãe dele depois da apresentação, apertando a mão dela. Ela olhou para as unhas vermelhas compridas de acrílico que eu estava usando para a personagem. — Só quero que você saiba — cochichei no ouvido dela — que essas unhas não são de verdade.

— Tá — disse ela com um sorriso.

Eu não sabia que o nosso professor de encenação, Brian, que estava ao lado dela durante a nossa apresentação e fazia parte do elenco de outra peça (na qual ele fazia uma *drag*), tinha dito a mesma coisa ao se apresentar para ela.

Os pais de Will nos levaram para almoçar e fizeram algumas perguntas cuidadosas a meu respeito enquanto comíamos salada. Gostaria de poder apresentar Will aos meus pais. A saudade apertava mais sempre que alguém novo entrava na minha vida e eu me dava conta de que eles nunca conheceriam essa parte de mim. Queria oferecer uma história, um contexto; queria alguém que mostrasse um álbum de fotos de quando eu era bebê em um restaurante. Queria que meus pais e os de Will se reunissem para perguntar uns aos outros com que idade aprendemos a falar, andar e ler. Nossa diferença de idade é de apenas quatro meses, e nossos pais teriam mais ou menos a mesma idade. Eles teriam muito para conversar. Fiquei pensando em como seria maravilhoso ver os quatro sentados em volta de uma mesa, começando a se conhecer e a fazer planos secretos.

Certa noite, alguns meses depois de *Savage*, contei a Will a história do baú de papelão e perguntei se ele gostaria de assistir ao vídeo que minha mãe gravara para mim e para Jamie, que eu não via desde os catorze anos. Nunca tinha mostrado aquilo para ninguém.

— Vai ser intenso — avisei —, e não precisa assistir se você achar constrangedor. Mas acho que seria uma forma de você conhecê-la um pouco, e isso significaria muito para mim.

Will não hesitou.

— Eu adoraria — respondeu ele.

Assistimos ao DVD no meu laptop, sentados na cama. No início, eu ficava olhando para ele, preocupada de a experiência estar sendo excessiva. Mas o vídeo acabou atraindo totalmente a minha atenção, e comecei a assistir e a chorar como eu não chorava havia anos. Will me abraçou, e percebi que ele estava chorando também. Assistimos até o final e, depois, ficamos na cama, com os rostos molhados de lágrimas colados um no outro.

Um pouco antes do fim do semestre, recebi uma ligação de Jamie. Só de ouvir a voz dele, percebi que havia algo errado.

— O que foi? — perguntei.

Eu estava no saguão de um teatro, no intervalo do ensaio de outra peça.

Ele me contou que o casamento dele estava chegando ao fim. Eu me recostei na parede e fui escorregando até me sentar no tapete vermelho.

— Não é culpa de ninguém — disse ele. — Mas é isso.

Eu não conseguia me lembrar de um dia em que ele tenha falado tão baixo, soando tão exausto. Senti o impulso de quebrar alguma coisa.

Chega!, eu queria gritar para Deus ou para o universo. *Chega!*

Minha tristeza não era só por ele. Eu tinha passado todos os feriados dos últimos quatro anos com sua família. Eu amava ir para a casa deles, sentir que pertencia a ela. *Forme uma família*, minha mente repetia, *e o mundo vai encontrar uma forma de acabar com ela.*

— O que vai acontecer com os gêmeos?

Eles tinham acabado de fazer sete anos.

— Guarda compartilhada. A Sally encontrou um apartamento bem perto.

Percebi que nossos pais teriam feito isso se nossa mãe tivesse sobrevivido. Eles se divorciariam e comprariam casas na mesma rua. Teriam se esforçado para não desestabilizar a nossa vida.

Eu odiava pensar em Jamie sozinho em casa quando os filhos estivessem com a mãe. Queria entrar em um avião para estar na casa dele assim que escurecesse. Queria abraçá-lo e protegê-lo do mundo. Fiquei me perguntando se ele ficaria com a casa. Lar, para mim, era onde Jamie estava. Havia muito tempo que tinha deixado de ser um lugar físico.

No terceiro ano da pós, escrevi outra peça sobre irmãos de luto pela morte dos pais. Era a história de um irmão e uma irmã que misturavam as cinzas dos pais e as tomavam em um milk-shake. A ideia surgiu por causa de uma das mensagens da minha mãe.

Por algum motivo, disse ela, *a nossa cultura tenta banir a morte da nossa vida e, dessa forma, não a conhecemos direito. Não temos tradições para nos ajudar. Na maior parte das vezes, cada família precisa descobrir sozinha uma forma de lidar com ela.*

Em vez de banir a morte, eu queria que os irmãos encontrassem uma forma de unir ainda mais os pais, o máximo possível humanamente falando; carne na carne. Depois de pesquisar um pouco, percebi que eu não tinha sido a primeira a pensar nisso. Na verdade, havia rituais semelhantes em partes da Ásia e da América do Sul. Na peça, o objetivo do ritual era que os irmãos superassem tudo juntos. Não era algo prescrito, mas espontâneo, e, dessa forma, autêntico. Fiquei me questionando se, caso o nosso pai tivesse sido cremado, Jamie e eu teríamos feito algo do tipo, se teríamos encontrado algum conforto ao consumir uma parte dos corpos que tinham nos gerado.

* * *

Alguns meses antes da formatura da pós-graduação, uma amiga do programa de direção me disse que estava abrindo uma companhia de teatro e queria encomendar uma peça minha.

— Mas eu sou atriz — respondi.

— Mas também é escritora — disse ela, parecendo dizer a verdade.

Aniversário de vinte e oito anos:

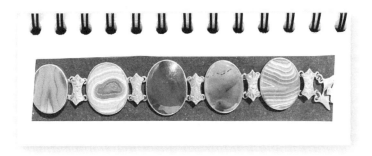

Esta pulseira era da sua bisavó, Gwen. Você sempre gostou muito de pedras, e achei que ia gostar deste presente.

Amo você, mamãe

Quando eu era criança, fazia questão de esclarecer logo que o meu nome não era uma homenagem à minha bisavó. Ela se chamava Gwendoline, e eu me chamo Genevieve, mas, em algum momento, nós duas nos tornamos Gwen. Quando eu era pequena, uma reprodução de um quadro do meu bisavô ficava na parede da nossa cozinha mostrando uma mulher recostada na cama, lendo. Ela estava com uma camisola branca, um roupão de seda rosa e um longo colar de pérolas. Um tecido rosa translúcido cobria o cabelo curto, escuro e no estilo dos anos 1920. O quadro era intitulado *Gwen na cama*.

A mãe da vovó Liz, uma linda e famosa socialite londrina, era a vilã da nossa mitologia familiar. Ela havia se casado quatro vezes e conseguido algo de cada marido. Seu primeiro marido a tornou uma jovem viúva de guerra. O segundo, meu bisavô, era artista e a pintou várias vezes. Levando as três filhas, ela o largou oito anos depois, para se casar com um rico contador com título de cavaleiro. Ele morreu um ano mais tarde, deixando-a viúva (de novo) e rica. O último marido lhe deu mais um filho antes de também morrer. Nas mãos de Gwendoline, a história sempre sugeria que o casamento tinha se tornado uma ferramenta, uma arma.

Quando se divorciou do meu bisavô, Gwendoline mudou o sobrenome das três filhas e se recusava a permitir que ele se aproximasse delas. Algum tempo depois que deu à vovó Liz aquele chocolatinho, meu bisavô combinou com a babá das meninas para conseguir vê-las escondido no Regent's Park. Durante as últimas visitas clandestinas, ele as pintou: três meninas de chapéu e sapato tipo boneca, com a babá costurando ao fundo, uma agente dupla de touca e avental. Depois disso, vovó Liz só voltaria a ver o pai depois dos dezoito anos, um pouco antes de se casar e deixar a Inglaterra para sempre.

Seu casamento também terminou em divórcio. Ao longo da vida, vovó Liz se casou três vezes. Minha mãe só se casou uma vez, mas, como descobri no consultório da sua terapeuta, o casamento fora profundamente infeliz e tinha terminado antes de sua morte.

Às vezes, eu imaginava minha linhagem materna, cada uma olhando para trás, para a mulher que veio antes, buscando respostas que mostrassem como construir uma vida com outra pessoa. Na minha imaginação, estávamos as quatro de capacete colonial, do tipo que os arqueólogos vitorianos usavam, esquadrinhando as ruínas do nosso passado com enxadas e pincéis delicados, erguendo cada uma das nossas descobertas contra a luz.

A pulseira de ágata era um bracelete grosso feito de pedaços da pedra rosa cinzenta. Era uma joia pesada e austera. No meu aniversário de vinte e oito anos, Will e eu estávamos no último semestre da pós-graduação. Em junho, nos mudaríamos para Nova York, assim como a maioria dos nossos colegas de curso, para tentarmos nos estabelecer no mundo do teatro.

Em dois anos e meio de relacionamento, minha ligação com Will se aprofundou e se transformou em algo diferente de qualquer outro relacionamento que eu já tinha vivido. No passado, eu sempre achava que todos os meus namoros iam terminar, que nossas vidas acabariam seguindo caminhos diferentes, e que cada um deveria deixar o outro partir. Mas agora, pela primeira vez na vida, eu não fazia ideia de qual seria o desfecho da relação. Eu me sentia completa e assustadoramente vulnerável.

Uma noite, alguns meses depois que começamos a namorar, eu estava sentada no apartamento de Will, fazendo desenhos com as unhas no tecido de microfibra do sofá cinza.

— Não sei se um dia vou querer me casar — declarei, passando a mão na superfície macia para apagar um desenho e começar outro. — Achei melhor você saber disso, caso seja importante para você. Eu acredito em relacionamentos, só não tenho tanta certeza em relação à instituição *casamento*, sabe?

Esperei um bom tempo, enquanto Will pensava.

— Também não tenho certeza — respondeu ele, e deixamos tudo por isso mesmo.

Acabei construindo essa barreira entre nós, esperando que ela me protegesse de perder alguma coisa depois. Se nunca formássemos uma família, ela não poderia ser destruída. Mas comecei a perceber, à medida que as semanas passavam rapidamente, que Will e eu estávamos nos tornando uma família, querendo ou não.

No período mais quente do verão, nos mudamos para um apartamento de um quarto no Brooklyn, com grandes janelas e uma parede de tijolinhos expostos. Fizemos audições para papéis no teatro, em séries e em comerciais de TV, e eu tentava aproveitar os momentos mais tranquilos para escrever minha peça. Por coincidência, nossa vizinha do andar de baixo era dramaturga, e ela foi generosa o suficiente para se oferecer a ler o roteiro em que eu vinha trabalhando. Retribuí o favor assando um pão de fermentação natural no meu forno a gás, cujo acendedor imprevisível às vezes provocava pequenas explosões que faziam as portas dos armários tremerem.

Quando os homens da mudança nos ajudaram a subir com as coisas pelos dois lances de escada, eu já tinha encontrado um lugar para guardar o baú de papelão. O baú já estava bem leve àquela altura, quase vazio. Os presentes que eu já abrira cabiam perfeitamente, ou talvez um pouco entulhados, no meu porta-joias, e eu poderia muito bem tirar os pacotes restantes e colocar o baú vazio na calçada para o caminhão de lixo reciclável levar. Os cantos ficaram um pouco amassados depois da mudança para o outro lado do país, e, durante outra mudança, alguém o tinha envolvido com fita adesiva para mantê-lo fechado, e eu não tinha conseguido tirá-la sem lascar a superfície laminada, então decidi só usar uma faca para poder abrir a tampa. Um dos trincos ficou amassado e eu não conseguia fechá-lo. Era só um baú de papelão, no fim das contas; não tinha sido feito para ser usado tanto assim. Mas o próprio baú tinha se tornado valioso para mim com o passar dos anos. Sua presença, mesmo escondido em um armário, manteve viva a minha ligação com minha mãe. Por dezesseis anos, ele foi me assegurando de que a última conversa entre mim e minha mãe ainda não havia terminado. Enfiei o baú quase vazio no espaço abaixo dos casacos de inverno e fechei a porta do armário.

Jamie veio para Nova York para o meu aniversário de trinta anos e trouxe a namorada. Anne tinha a mesma idade que eu, olhos azuis límpidos e um monte de cachos loiro-escuros. Estavam namorando havia alguns anos, e era evidente que ela amava os filhos de Jamie, que tinham acabado de fazer treze anos.

Durante a visita, Jamie e Anne dormiram em um colchão de ar no chão da nossa cozinha, e nós quatro ficávamos acordados até tarde, jogando cartas e tomando cerveja no bar do outro lado da rua.

Quando Jamie e Will se conheceram, rezei para que eles gostassem um do outro. Eu não sabia bem o que teria feito se as duas pessoas mais importantes da minha vida não se dessem bem. Mas não tive por que me preocupar. A primeira vez que passamos o Natal todos juntos, Jamie e Will compraram presentes muito similares um para o outro (uma caneca de cerveja de barro estilo medieval e um copo viking de bebida no formato de chifre) sem pedir sugestões minhas. Will e Anne também se tornaram bons amigos, e ficavam felizes em passar um tempo juntos enquanto Jamie e eu colocávamos o papo em dia.

— Dá para acreditar? — perguntei para Jamie, observando Will e Anne indo para a academia juntos.

— Pois é — disse ele. — Às vezes parece que estamos namorando a mesma pessoa.

Freesia também tinha vindo para o meu aniversário, e, na noite anterior, tínhamos nos reunido na sala de estar para a contagem regressiva dos meus últimos minutos como uma mulher de vinte e poucos anos. Nasci à 00h07, compartilhando o aniversário com a minha mãe por sete minutinhos. À 00h06, peguei uma caixinha de couro fina e retangular, com uma fita cor-de-rosa, para todos verem. Havia vinte anos desde que eu abrira o primeiro presente do baú com minha mãe ao meu lado. Duas décadas depois, eu sentia a mesma emoção e a mesma expectativa. Mas havia outra sensação também. O caderno de desenho de capa preta estava na mesinha de centro, a capa gasta pelo uso. Aquele era o último presente de aniversário da lista que estava fixada na tampa abobadada do baú. Abri-lo seria uma nova despedida.

— Dez, nove, oito... — contamos — ... três, dois, um!

Dentro da caixa, encontrei um lindo broche de prata com safiras, mas, quando virei para a página correspondente no caderno de desenho, o espaço abaixo da fotografia estava em branco. Pela segunda vez, minha mãe não havia deixado nenhuma informação sobre o presente escolhido. Talvez tenha ficado sem tempo.

A primeira vez que tirei uma caixa do baú, acreditei que meu mundo sempre seria definido pela perda da minha mãe, limitado pelos poucos quilômetros quadrados de segurança que a presença dela tinha infundido. Por anos, a cada novo presente, eu sentia como se estivesse me agarrando a um pequeno salva-vidas em um mar escuro e incerto. Mas ali na sala do meu apartamento em Nova York, cercada por pessoas que eu amava, percebi que minha mãe já havia me dado as ferramentas de que eu precisava para seguir em frente. Ela tinha me dado permissão para tornar minha vida mais significativa e incrível do que eu acreditara ser possível. Ainda assim, eu queria ter tido algumas palavras para ler. Jamie, Anne, Freesia e Will me abraçaram enquanto eu olhava para a página em branco, sentindo o fim daquilo.

Aniversário de trinta anos:

No nosso apartamento no Brooklyn, a pequena caixa de metal com a trança do cabelo da minha mãe, cortada no dia em que precisamos raspar a cabeça dela pela primeira vez, ficava na prateleira logo acima da minha escrivaninha. Um dia, percebi que havia traças na caixa e que elas estavam comendo cada mecha do cabelo escuro. Descobri na internet que larvas de traças se alimentam de ceratina, a proteína estrutural encontrada em fibras naturais como algodão, lã e cabelo. Fiquei assustada ao saber que havia algo vivo habitando a caixinha que eu sempre associara fortemente à morte; que a coleção de células inertes poderia, na verdade, alimentar algo que se tornaria um ser.

Levei a trança para o banheiro e, pela primeira vez em vinte anos, desfiz a longa e fina trança, enchendo o esmalte branco da pia com pequenos fragmentos cortantes. Abri a torneira de água morna, sentindo uma estranha gratidão pelo fato de as traças terem me obrigado a fazer isso, por elas me darem, mais uma vez, depois de tanto tempo, uma pia cheia de cabelo da minha mãe. Liguei o secador em potência baixa, esperando não perder muito com o vento. O ar quente trouxe de volta um pouco do cheiro que achei que já tinha desaparecido havia muito tempo, um leve perfume que não era bem o da minha mãe, mas que certamente era humano. Notei alguns fios brancos nas mechas.

Quando as coloquei no pano de prato, pensei na época em que eu era bem pequena e meus pais ainda me davam banho no início da noite. Meu pai cobria os ladrilhos do chão com uma grande toalha cor-de-rosa antes de me tirar da água que estava esfriando. Ele me colocava no meio da toalha e eu me encolhia toda como uma vírgula pequena e nua. Ele dobrava as pontas por cima de mim e prendia os cantos, antes de pegar a trouxinha no colo.

— Um pacotinho cor-de-rosa! — exclamava minha mãe quando ele me colocava na cama, ao lado dela. — O que será que tem aí dentro?

Eu ria de dentro do tecido felpudo. Ela me desembrulhava devagar, abrindo uma ponta de cada vez.

— Um pé! Eu não me lembro de ter pedido isso. Um cotovelo! Meu Deus, o que será que é isso?

Finalmente, depois que eu aparecia todinha, ela dizia:

— É a Gwenny! Que pacotinho incrível!

Todas as noites, sempre que meu pai me entregava para ela, minha mãe ficava maravilhada por me encontrar. Aquela se tornou a minha brincadeira favorita. *Vamos ter que usar uma toalha maior quando eu crescer*, eu pensava.

Refiz a trança na mecha de cabelo e a coloquei de volta na caixa (dessa vez com plástico protetor). Havia menos do que antes, mas estava limpo e bem cuidado, e de alguma forma aquilo o tornou mais meu.

Depois do meu aniversário de trinta anos, restavam apenas três presentes no fundo do baú. O primeiro era uma caixa hexagonal preta com papel estampado com frutinhas vermelhas brilhosas e uma etiqueta que dizia: *Noivado*. A outra era uma lata de chá Celestial Seasonings com a imagem de um urso usando touca de dormir. O cartãozinho branco dizia: *Casamento*. A última era uma caixinha de papelão: *Primeiro filho*.

Minha mãe e eu jogávamos um jogo que ela sempre ganhava.

— Eu te amo mais!

— Não, eu te amo mais!

Ela e eu ficávamos repetindo isso uma para a outra como um mantra ou um desafio.

— Não, eu que te amo mais. — Ela sempre acabava segurando o meu rosto entre as mãos. — E você nunca vai saber o quanto até ter seus próprios filhos.

Eu ouvia aquilo como uma promessa, uma profecia: um dia, quando tivesse filhos, eu conheceria o amor verdadeiro, e ele seria maior que o amor que eu sentia por ela. Eu não conseguia imaginar um amor maior do que o que eu sentia pela minha mãe, mas acreditava quando ela dizia que aquilo era possível.

A caixinha marcada com *Primeiro filho* cabia perfeitamente bem no meio da palma da minha mão, não muito maior do que uma noz. A fita cor-de-rosa estava amarrada com firmeza para mantê-la fechada. Para abri-la, eu teria que usar uma tesoura. Os embrulhos destinados ao *Noivado* e ao *Primeiro filho* também vinham acompanhados de envelopes grossos, cujo peso trazia consigo a promessa de uma miríade de novas palavras.

Durante todos os anos que tive o baú, nunca fiquei tentada a abrir um presente antes da hora.

"O seu autocontrole é impressionante", as pessoas me diziam ao saber das cartas. "Eu já teria aberto todas elas há anos."

Autocontrole nunca foi um dos meus pontos fortes. Muito menos a paciência. Mas cresci lendo mitos e contos de fadas, e eu sabia o que acontecia com pessoas curiosas e ávidas demais que ignoravam instruções. Se eu estivesse lendo a história da minha vida, seria óbvio que a garotinha cuja mãe lhe deixou um baú cheio de presentes deveria abrir um por um no momento certo. Se não fizesse isso, eu esperaria que algo terrível acontecesse com ela. Se ela fizesse tudo certinho, talvez houvesse algum tipo de recompensa além do conteúdo dos presentes. A mãe talvez até voltasse para ela. Essas coisas acontecem em contos de fadas. Por mais da metade da minha vida, segui as instruções, e agora eu estava chegando ao fim da história. Durante todos aqueles anos, as últimas três caixas pareciam prometer compreensão, uma nova intimidade entre mim e minha mãe. Eu imaginava que quando (e se) os abrisse, nós finalmente nos tornaríamos iguais — esposas e mães. Mas e se eu não escolhesse nada disso? E se minha vida me levasse por outro caminho?

A fita que prendia aqueles embrulhos já estava amassada e desbotada. Eu ficava imaginando, olhando para os pacotes enfileirados no fundo do baú, se alguma filha conseguia evitar seguir o padrão da vida da mãe como uma réplica ou reação. Pensei em outras jovens espalhadas pelo país, pelo mundo, conversando ao telefone com as mães, que questionariam relacionamentos, perguntariam sobre casamento e pediriam netos. Se minha mãe estivesse viva, ela seria dessas mães que fazem perguntas difíceis em uma videochamada? Isso não era apenas uma outra versão da mesma coisa? Era. E não era.

Escolhi uma noite quando Will estava no teatro. O envelope com a palavra *Noivado* estava fechado com barbante e botão, então não havia selo para romper. Levei a carta até o sofá, o mesmo do apartamento da pós-graduação de Will, com tecido cinza de microfibra, no qual eu dissera para ele, com pouco tempo de namoro, que jamais iria querer me casar. Já haviam se passado cinco anos desde então, e mesmo temendo que, para mim, o casamento estivesse fadado ao fracasso, eu também amava Will de um jeito que nunca tinha amado ninguém. E queria conversar sobre ele com a minha mãe. Queria me deitar na cama dela, enquanto ela fazia carinho no meu cabelo, e abrir aquele envelope parecia a coisa mais próxima possível disso.

Aos poucos o barbante se desenrolou em espirais, e imaginei as mãos da minha mãe enrolando aquilo mais de vinte anos antes, para que eu pudesse soltar o fio agora. Assim como a carta da primeira menstruação, ela foi datilografada, e a data era do verão de 1996, a primeira vez que os médicos tinham dado à minha mãe um ano de vida. Não havia fita cassete, mas descobri que ainda assim eu conseguia ouvir a voz dela na minha mente.

Minha querida e pequenina Gwenny,

Lógico que você não será mais tão pequenina quando estiver lendo isto, mas você ainda é enquanto escrevo esta carta. Você tem apenas sete anos, e estou enfrentando a imensa tristeza de saber que você vai crescer sem mim.

O meu maior desejo é estar ao seu lado durante todos os momentos importantes e corriqueiros da sua vida. Quero estar ao seu lado para amá-la e protegê-la, ser seu escudo, encorajá-la, ajudá-la a enxergar e a conhecer tudo de melhor que existe dentro de você, e ajudá-la a superar os obstáculos ao longo do seu caminho rumo à felicidade.

Mas você lidou com as tempestades, encontrou seu ponto de equilíbrio e está pronta para entrar em uma nova fase do seu relacionamento amoroso. Não consigo sequer imaginar tudo que aconteceu com você ao longo do caminho. Tudo isso parece tão distante. Vinte anos? Não dá para saber.

Eu espero e rezo muito para que você tenha aprendido a se amar, a sentir-se digna de escolher alguém que realmente a ame e a respeite.

Um casamento de verdade é a união de tudo que é mais sagrado em duas pessoas. Em um casamento de verdade, os parceiros abraçam a alma um do outro com cuidado e respeito e apoiam um ao outro na jornada, na busca e nos anseios do que é mais sagrado nesta vida.

Se vocês não reconhecerem e se comprometerem a cuidar da centelha divina presente dentro um do outro, tudo vira uma questão de logística, acúmulo, de ir e vir fazendo coisas na vida.

O seu pai e eu não conseguimos reconhecê-la. Mesmo assim, éramos pessoas boas, responsáveis, zelosas e devotadas a você e ao Jamie.

Um dos meus maiores desejos, além de poder envelhecer e estar presente na vida de vocês, é que você e Jamie tenham um casamento mais feliz, no qual vocês possam explorar seus ideais e expectativas.

Talvez seu pai tenha se casado novamente e encontrado um relacionamento melhor no qual ele se sinta mais seguro e menos descontente, e isso tenha dado a você um exemplo mais positivo do que um casamento pode ser.

Eu me arrependo muito da minha incapacidade de dar a mim, e a vocês, um casamento mais amoroso, vibrante e harmonioso. E nós nunca vamos saber se teríamos ficado melhor se o papai e eu tivéssemos tentado recomeçar com outra pessoa, dessa vez mudados pelas experiências difíceis que enfrentamos. Porque somos tão devotados a você e ao Jamie que não suportamos a ideia de fazer vocês sofrerem com o rompimento da nossa família. Em vez disso, fizemos vocês sofrerem por não conseguirmos nos unir de verdade, com confiança, bondade e devoção um ao outro.

Como é que alguém realmente aprende a avaliar e equilibrar as concessões e as consequências?

Seu pai e eu passamos por um período difícil porque não aprendemos a nos amar quando éramos crianças. Nós éramos tão inseguros em relação ao nosso valor e aos nossos méritos que ficávamos buscando a validação um do outro e levávamos ao pé da letra até mesmo as sugestões mais sutis de crítica. Nós dois guardamos tanta mágoa, tristeza e decepção que criamos uma barreira intransponível entre nós. Você não pode encontrar seu valor no outro. Você deve se conhecer e se valorizar primeiro. Apesar de seu pai e eu conseguirmos enxergar e apreciar grandes qualidades um no outro, não fomos capazes de confiar e oferecer nossa boa vontade. Os padrões já haviam se estabelecido e, mesmo diante da minha morte prematura, não conseguimos quebrá-los. Estou contando tudo isso porque quero que você veja como é importante estar realmente pronta para aceitar alguém como seu parceiro de vida. E a melhor forma de estar pronta é se conhecendo e se amando.

A minha maior esperança é que o seu grande amor por si mesma tenha lhe dado tudo de que precisa para fazer sua escolha com sabedoria e felicidade, e para que saiba, do fundo da sua alma, que você merece ser amada e valorizada, e que assim, por sua vez, você também terá a capacidade de amar e valorizar a pessoa ao seu lado. O que se deve valorizar nesta vida não tem nada a ver com competência, sucesso ou atributos físicos, mas sim com a capacidade de ver o nosso melhor refletido nos olhos do outro, a melhor e mais amorosa versão de nós mesmos — não a noção do outro sobre como deveria ser, mas o acolhimento do que já temos por meio da centelha divina que nos deu a vida —, e que nutrimos o mesmo sentimento um pelo outro. Tem a ver com a liberdade de dar expressão à luz que cada um de nós carrega consigo e, ao mesmo tempo, unir forças com outra pessoa para dar apoio e conforto mútuos. Esse tipo de amor exige bastante maturidade e esforço, mas nem mesmo isso é suficiente se a pessoa não tem noção do próprio valor. A pessoa precisa estar tranquila, tanto para dar quanto para receber, ter capacidade de perdoar a si mesma e ao outro, um tipo de desapego amoroso que permite que tenha um senso de perspectiva e disposição para assumir a responsabilidade pelas próprias questões, que todos nós carregamos, por mais resolvidos que acreditemos ser. Temos que ter nosso próprio manancial interno de bem-estar para podermos nos renovar.

Minha querida filha, desejo a vocês toda a felicidade do mundo e uma longa vida juntos. Existe uma espécie de crescimento e maturidade que só vem com o tipo de compromisso em que você está se envolvendo, assim como existe um certo tipo de amor que só surge ao se criar um filho. Não é para todo mundo, mas fico feliz de você achar que pode ser para você.

Amo você, minha querida Gwenny, com todo o meu coração. Como gostaria de estar ao seu lado, abraçando você, chorando e explodindo de felicidade. Choro ao pensar na minha fadinha radiante já crescida, uma linda mulher pronta para se casar. Não sei por que nos foi tirada a felicidade de compartilhar esse momento. Ou por que nos foi tirada a chance de compartilhar as alegrias e as tristezas de tudo que virá antes disso. Estou me esforçando ao máximo para fazer as pazes comigo mesma. Você não consegue imaginar a angústia que é escrever cada uma destas cartas. Eu me culpo demais por todos os erros que cometi e continuo cometendo ao saber que não vou ter tempo de compensá-la por eles. Ainda estou aprendendo a ser uma boa mãe para você. Você é uma criaturinha única e complexa e precisa de um cuidado muito firme e amoroso para descobrir quem você é e por que está aqui.

Gwenny, sinto muito por deixá-la. Por favor, me perdoe. Imploro que permita que todo o meu amor por você a alcance. Sei que um baú cheio de cartas e presentes não chega nem perto de substituir a minha presença e compensar a minha falta. Mas eu queria muito fazer alguma coisa para facilitar a sua jornada.

Que Deus abençoe a união que você está estabelecendo com a pessoa que ama. Que isso possa lhe trazer muita alegria.

Com amor,

Mamãe

Deixei as lágrimas caírem. Não importava quantas mensagens da minha mãe eu lesse, elas sempre me faziam chorar copiosamente, por tocarem um lugar do meu coração que sempre mantive bem protegido.

Fui até a estante de livros e peguei o álbum de fotos do casamento dos meus pais, um volume grosso e com capa de couro. Vi meus pais sorrindo nas páginas, minha mãe usando um vestido de seda marfim com mangas bufantes, meu pai de gravata-borboleta branca e fraque. Era o tipo de casamento que as garotas aprendem a desejar, com convidados especiais, roupas elegantes e arranjos de flores elaborados. Eles tinham vinte e nove e trinta e um anos quando se casaram. Aos trinta, estou exatamente entre eles.

Eu me senti grata por minha mãe ter reconhecido na carta que o relacionamento dela com meu pai tinha problemas. Apesar das dificuldades do casamento dela, havia certo otimismo nas páginas em minhas mãos. Ela ainda tinha esperanças de que eu poderia amar de forma diferente, melhor. A carta até dava sinais de que ela gostaria de ter tido uma segunda chance no amor. As cartas dela sempre imploravam para que eu não me fechasse para o amor, para que eu não permitisse que a perda dela fosse me impedir de deixar as pessoas entrarem na minha vida sem temer o risco que a intimidade nos faz correr.

Passei os olhos pelo conselho que ela ofereceu: *A pessoa precisa estar tranquila, tanto para dar quanto para receber... um tipo de desapego amoroso... Temos que ter nosso próprio manancial interno de bem-estar para podermos nos renovar.* Casada ou não, achei que aquilo era algo que valia a pena desejar.

Quando Will chegou em casa, eu o abracei e entreguei a carta para ele.

— Será que você pode ler isto? — perguntei.

Noivado de Gwen e Will, 30/04/2023.

NOTA DA AUTORA

Em uma tarde de fevereiro, enquanto eu fazia os ajustes finais neste livro, encontrei uma pasta verde sem nenhuma etiqueta amarrada com uma fita preta. A pasta continha uma pequena pilha de cartas da minha mãe que eu nunca tinha visto. Eram todas destinadas a mim e ao meu irmão, mas, diferente das cartas dos nossos baús, não eram para marcar nenhuma ocasião especial. Em vez disso, eram datadas como registros em um diário e foram escritas no decorrer dos anos entre o diagnóstico terminal e o comprometimento da visão dela. Fiquei surpresa. Elas não apenas me deram uma nova perspectiva do que se passava na cabeça da minha mãe, mas também me ofereceram uma confirmação inestimável da linha do tempo que eu me esforcei tanto para reconstruir por meio de fotos antigas, pesquisas na internet e entrevistas com familiares e amigos.

A experiência de pesquisar e escrever este livro foi repleta de momentos como esse, presentes que antes eu considerava impossíveis de repente caíam no meu colo sem explicação. Colocar esta história no papel é como tentar segurar alguma coisa que não para de crescer. Sempre que acredito ter descoberto alguma última pista dos segredos da minha mãe — seus envelopes escondidos, caixas e instruções —, percebo que estava errada. Quando procuro novamente, encontro mais.

Durante os dois anos que me dediquei a este projeto, procurei o antigo namorado dela (com quem viajou pela Europa) do fim da adolescência. Mandei um e-mail em um domingo à tarde e, quatro horas depois, recebi a resposta.

> Gwen,
> Sim, eu adoraria conversar com você sobre uma das minhas pessoas favoritas. Antes de morrer, ela me perguntou se eu poderia ser uma fonte de informações/lembranças/compreensão para os filhos dela, se o momento chegasse. E chegou.

Ao ler esse e-mail, senti a mesma onda de emoção que me acometeu aos dezenove anos quando a terapeuta da minha mãe me disse a mesma coisa, a empolgação de estar no caminho certo. Nas duas ocasiões, tive a mesma sensação de algo se expandindo e um novo apreço pela amplitude dos preparativos que minha mãe fez, a forma como transbordavam do meu baú e se espalhavam pelo mundo. Sempre me pergunto se existe mais alguém por aí esperando o telefone tocar.

Uma carta naquela pilha era para ter sido colocada no baú. Minha mãe a escreveu para o meu primeiro aniversário sem ela. Eu deveria tê-la aberto quando fiz doze anos. Ela se extraviou por vinte e dois anos, mas no fim das contas chegou até mim; outro lembrete de que a história que minha mãe vem me contando por todos esses anos, a minha história, a história dela, ainda não chegou ao fim.

> *Minha querida Gwenny,*
> *Este é o seu primeiro aniversário sem mim. Não sei quantos anos está fazendo hoje, nem quanto tempo faz desde que parti. Estou lutando muito e com todo o amor do mundo para que este aniversário sem mim esteja o mais longe possível.*

No momento em que lhe escrevo, você é uma garotinha animada de sete anos e meio. Amo sua inteligência e seu raciocínio rápido. Amo o seu rostinho élfico lindo e seu corpo esguio e gracioso. Sei que sua impetuosidade e sua determinação, que às vezes lhe causam problemas agora, um dia serão muito boas para você. Quero estar ao seu lado para ajudá-la a aproveitar essas características.

Como compartilhamos a mesma data de aniversário, este primeiro ano talvez seja o mais difícil. Você talvez se sinta culpada por estar aqui depois da minha partida. Mas o que mais quero neste mundo é que você tenha uma vida longa e feliz. Você merece uma vida maravilhosa, abundante e repleta de amor e alegria. E compartilhar o dia de aniversário comigo será uma forma especial de você se lembrar de mim e sentir meu infinito amor por você.

O amor é mais poderoso que a morte. Eu sempre serei parte de você. Amo você, amo você, amo você com todo o meu ser, para sempre.

Com amor, mamãe

AGRADECIMENTOS

Fui abençoada com muitas fadas-madrinhas na minha vida, mas nunca pensei que fosse encontrar minha amada agente, Brettne Bloom, e minha brilhante editora, Marysue Rucci. Juntas, elas lapidaram e orientaram estas páginas, sempre me guiando para lugares mais profundos e verdadeiros que eu ainda não conseguia enxergar. Sou eternamente grata pela paciência, compaixão, apoio e discernimento.

Antes de escrever esta história, eu a vivi, e isso teria sido impossível sem meu aliado de vida e irmão mais velho, Jamie Kingston, com toda a sua sabedoria, humor e afeto, que me encorajaram quando eu mais precisei. Minha mais profunda gratidão a ele e aos nossos incríveis parentes por tantas inestimáveis lembranças, perspectivas e confirmação do fatos.

Meus agradecimentos a Zeynep Özakat por ouvir as primeiras ideias desta história em um banco de praça, me assegurando que daria um livro e tanto. Obrigada a Dan Jones e Miya Lee, da coluna Modern Love do *New York Times*, por publicar a matéria que se tornaria este livro. A Emily Rapp Black e Blaise Allysen Kearsley pelo olhar atento às primeiras versões deste livro, e a Jessica Ciencin Henriquez, Adam Dalva e Kathleen Tolan por me ajudarem a tecer os últimos fios.

Quero expressar meu grande apreço pela família Bousa, que me ofereceu o inestimável presente em forma de tempo e lugar para escrever. A minha querida amiga Freesia Stein, que leu o manuscrito em todos os estágios e sempre me incentivou a continuar. Por fim, ao meu companheiro, Will Turner, cujo comprometimento à arte e à vocação artística me inspiram constantemente, e cujo amor, paciência e apoio tornam tudo possível.

Kristina Mailliard
17 de fevereiro de 1952 — 7 de fevereiro de 2001

1ª edição	FEVEREIRO DE 2025
impressão	IMPRENSA DA FÉ
papel de miolo	IVORY BULK 65G/M²
papel de capa	CARTÃO SUPREMO ALTA ALVURA 250G/M²
tipografia	PSFOURNIER STD